物化历史系列

# 石刻史话

*A Brief History of Rock Carvings in China*

赵 超 / 著

社会科学文献出版社

SOCIAL SCIENCES ACADEMIC PRESS (CHINA)

图书在版编目（CIP）数据

石刻史话/赵超著.—北京：社会科学文献出版社，
2011.8
（中国史话）
ISBN 978 - 7 - 5097 - 2559 - 7

Ⅰ.①石… Ⅱ.①赵… Ⅲ.①石刻 - 简介 - 中国 - 古
代 Ⅳ.①K877.4

中国版本图书馆 CIP 数据核字（2011）第 142783 号

**"十二五"国家重点出版规划项目**

中国史话·物化历史系列

# 石刻史话

著　　者／赵　超

出 版 人／谢寿光
总 编 辑／邹东涛
出 版 者／社会科学文献出版社
地　　址／北京市西城区北三环中路甲 29 号院 3 号楼华龙大厦
邮政编码／100029

责任部门／人文科学图书事业部 （010）59367215
电子信箱／renwen@ssap.cn
责任编辑／周志静　黄　丹
责任校对／韩莹莹
责任印制／岳　阳
总 经 销／社会科学文献出版社发行部
　　　　　（010）59367081　59367089
读者服务／读者服务中心 （010）59367028

印　　装／北京画中画印刷有限公司
开　　本／889mm×1194mm　1/32　印张／6.375
版　　次／2011 年 8 月第 1 版　字数／119 千字
印　　次／2011 年 8 月第 1 次印刷
书　　号／ISBN 978 - 7 - 5097 - 2559 - 7
定　　价／15.00 元

# 总　序

　　中国是一个有着悠久文化历史的古老国度，从传说中的三皇五帝到中华人民共和国的建立，生活在这片土地上的人们从来都没有停止过探寻、创造的脚步。长沙马王堆出土的轻若烟雾、薄如蝉翼的素纱衣向世人昭示着古人在丝绸纺织、制作方面所达到的高度；敦煌莫高窟近五百个洞窟中的两千多尊彩塑雕像和大量的彩绘壁画又向世人显示了古人在雕塑和绘画方面所取得的成绩；还有青铜器、唐三彩、园林建筑、宫殿建筑，以及书法、诗歌、茶道、中医等物质与非物质文化遗产，它们无不向世人展示了中华五千年文化的灿烂与辉煌，展示了中国这一古老国度的魅力与绚烂。这是一份宝贵的遗产，值得我们每一位炎黄子孙珍视。

　　历史不会永远眷顾任何一个民族或一个国家，当世界进入近代之时，曾经一千多年雄踞世界发展高峰的古老中国，从巅峰跌落。1840 年鸦片战争的炮声打破了清帝国"天朝上国"的迷梦，从此中国沦为被列强宰割的羔羊。一个个不平等条约的签订，不仅使中国大量的白银外流，更使中国的领土一步步被列强侵占，国库亏空，民不聊生。东方古国曾经拥有的辉煌，也随着西方列强坚船利炮的轰击而烟消云散，中国一步步堕入了半殖民地的深渊。不甘屈服的中国人民也由此开始了救国救民、富国图强的抗争之路。从洋务运动到维新变法，从太平天国到辛亥革命，从五四运动到中国共产党领导的新民主主义革命，中国人民屡败屡战，终于认识到了"只有社会主义才能救中国，只有社会主义才能发展中国"这一道理。中国共产党领导中国人民推倒三座大山，建立了新中国，从此饱受屈辱与蹂躏的中国人民站起来了。古老的中国焕发出新的生机与活力，摆脱了任人宰割与欺侮的历史，屹立于世界民族之林。每一位中华儿女应当了解中华民族数千年的文明史，也应当牢记鸦片战争以来一百多年民族屈辱的历史。

当我们步入全球化大潮的 21 世纪，信息技术革命迅猛发展，地区之间的交流壁垒被互联网之类的新兴交流工具所打破，世界的多元性展示在世人面前。世界上任何一个区域都不可避免地存在着两种以上文化的交汇与碰撞，但不可否认的是，近些年来，随着市场经济的大潮，西方文化扑面而来，有些人唯西方为时尚，把民族的传统丢在一边。大批年轻人甚至比西方人还热衷于圣诞节、情人节与洋快餐，对我国各民族的重大节日以及中国历史的基本知识却茫然无知，这是中华民族实现复兴大业中的重大忧患。

中国之所以为中国，中华民族之所以历数千年而不分离，根基就在于五千年来一脉相传的中华文明。如果丢弃了千百年来一脉相承的文化，任凭外来文化随意浸染，很难设想13亿中国人到哪里去寻找民族向心力和凝聚力。在推进社会主义现代化、实现民族复兴的伟大事业中，大力弘扬优秀的中华民族文化和民族精神，弘扬中华文化的爱国主义传统和民族自尊意识，在建设中国特色社会主义的进程中，构建具有中国特色的文化价值体系，光大中华民族的优秀传统文化是一件任重而道远的事业。

当前，我国进入了经济体制深刻变革、社会结构深刻变动、利益格局深刻调整、思想观念深刻变化的新的历史时期。面对新的历史任务和来自各方的新挑战，全党和全国人民都需要学习和把握社会主义核心价值体系，进一步形成全社会共同的理想信念和道德规范，打牢全党全国各族人民团结奋斗的思想道德基础，形成全民族奋发向上的精神力量，这是我们建设社会主义和谐社会的思想保证。中国社会科学院作为国家社会科学研究的机构，有责任为此作出贡献。我们在编写出版《中华文明史话》与《百年中国史话》的基础上，组织院内外各研究领域的专家，融合近年来的最新研究，编辑出版大型历史知识系列丛书——《中国史话》，其目的就在于为广大人民群众尤其是青少年提供一套较为完整、准确地介绍中国历史和传统文化的普及类系列丛书，从而使生活在信息时代的人们尤其是青少年能够了解自己祖先的历史，在东西南北文化的交流中由知己到知彼，善于取人之长补己之短，在中国与世界各国愈来愈深的文化交融中，保持自己的本色与特色，将中华民族自强不息、厚德载物的精神永远发扬下去。

《中国史话》系列丛书首批计 200 种，每种 10 万字左右，主要从政治、经济、文化、军事、哲学、艺术、科技、饮食、服饰、交通、建筑等各个方面介绍了从古至今数千年来中华文明发展和变迁的历史。这些历史不仅展现了中华五千年文化的辉煌，展现了先民的智慧与创造精神，而且展现了中国人民的不屈与抗争精神。我们衷心地希望这套普及历史知识的丛书对广大人民群众进一步了解中华民族的优秀文化传统，增强民族自尊心和自豪感发挥应有的作用，鼓舞广大人民群众特别是新一代的劳动者和建设者在建设中国特色社会主义的道路上不断阔步前进，为我们祖国美好的未来贡献更大的力量。

陈奎元

2011 年 4 月

⊙赵 超

# 作者小传

　　赵超，男，1948 年 10 月 26 日生于中国北京。1982
年毕业于中国社会科学院研究生院。现任中国社会科学
院考古研究所研究员，中国社会科学院研究生院教授。
2008 年 10 月退休。

　　曾被聘请为英国牛津大学莫顿学院客座教授，法国
高等实验学院客座教授，日本东北学院大学考古系客座
教授，日本明治大学东洋学系客座教授及该校东亚石刻
研究所顾问，香港城市大学中国文化中心客座教授等。

# 目 录

# 引 言

　　在我们伟大祖国的心脏——首都北京天安门广场上，巍然矗立着雄伟的人民英雄纪念碑。它是中国人民近一百多年来斗争历史的凝聚。少年儿童来这里致敬，各族人民到这里瞻仰，外国元首来访时，也要向它献上崇敬的花环。人民英雄纪念碑，是中华人民共和国尊严的象征。

　　纪念碑那端庄的造型，源于我国大地上历史悠久的碑石。在我们960万平方公里的国土上，到处可以见到近两千年来留下的座座丰碑。它们上面刻下了中华古国的悠久文化历史，刻出了历代人民的聪明才智，至今仍有益于后人。

　　在宏伟壮丽的云冈石窟、龙门石窟，你可以见到千姿百态、栩栩如生的佛教造像及各种石雕。这些极为精美的艺术品，赋予了坚硬的青石以生命，向一代又一代的人们叙说着文化和历史，展现着古代人民的艺术风华。

　　在气势不凡的历代帝王陵墓遗址前，你可以看到端立了上千年的各式神兽、动物、人物等石雕。它们以庞大的身躯、精湛的制作技艺，为陵园添彩，构成

1

了中国古代建筑中的重要组成部分。

　　在各地的博物馆里，你更可以看到各式各样的石刻文物，从华美的墓志、丰富多彩的汉代画像石，到各种石刻造像。它们不仅是历史资料的宝库，而且是具有极高价值的珍贵文物，为社会科学各方面的研究提供了可靠的史料。

　　即使是在名山大川间游历，你也可以见到山崖间留下的历代题名题记，这些石刻铭文点缀着祖国的大好河山，给旅游增加了多少浓郁的人文知识色彩。

　　这些遍布全国的古代碑、造像、摩崖题刻、石雕、墓志、刻经、画像石、经幢、建筑石刻等，都属于古代石刻。它是现存古代文物中数量最多、内容最丰富的一类。由于它涉及的范围非常广泛，保存的文字史料数量庞多，所以了解和研究石刻，就是在了解中国古代的社会经济史、思想史、政治军事史、文化史、艺术史、民族史、宗教史、科技史、文字史……总而言之，就是在了解和研究华夏民族的两千年古代文明。不仅如此，就是石刻本身的产生和演变过程，也可以反映出中华文明前进的步伐。

　　因此，我们将种类繁多的石刻梳理出次序，结合各个时代，将它们的产生、发展过程一一加以说明。同时从数以万计的历代石刻中，择其要者加以介绍。希望能使读者通过这本史话对中国古代石刻有一个初步的了解，从而加深对伟大祖国光辉灿烂文化的热爱，为在中华锦绣大地上建起标志着社会主义现代化建设辉煌成就的新丰碑而奋力拼搏。

# 一　中国碑刻的起源

## 在地下和莽原中探索

1986 年，一条消息在国内外产生了巨大反响——陕西省凤翔秦公大墓发掘工作取得重大收获。在这座战国时期特大型墓葬中的诸多遗物中，就有现在所能见到的中国最早的碑，它是埋设在墓道中的 4 座木制的巨形方柱。

这种木碑是做什么用的呢？它实际上是当时下葬时，牵引棺椁用的辘轳架。《礼记·檀弓下》中记录了一段史事：鲁国大夫季康子的母亲去世时，掌管工匠的公输若年纪还小。聪明能干的工匠公输般（就是后代传说的木匠祖师鲁班），请求用新的转动机构来下葬。公输若刚要答应他，大夫公肩假却出来阻止说："鲁国当初有规定，公室下葬用丰碑，三家大夫下葬用桓楹。"可见当时丰碑只许王公诸侯使用，它体现了古代严格的礼法制度。

汉代大儒郑玄在《礼记》的注释中把丰碑的式样和意义解释得十分清晰。他说："丰碑，是用大树干砍成的，形状像石碑，竖立在棺椁的前后左右，在它的中央凿一个洞，做成辘轳，用粗绳子绕在辘轳上把棺椁放下墓穴。天子用 6 根绳索、4 座碑。诸侯用 4 根绳索、2 座碑。"石碑在中国出现得要比木碑晚许多年，但是可能在汉代已经不再使用木碑下葬，所以郑玄才要这么详细地讲解木碑，并且用当时使用的石碑去解释木碑的形状。

《释名·释典艺》中更进一步说明了碑的来源。它说："碑是在下葬时设置的。做成辘轳，用绳子缠在上面，用来拉着棺椁放下去。臣下和子孙们追念君王和父辈的功绩，把它写在碑上。后代人们就照着样子做。所以又把碑建在道路起点或显眼的地方，来宣示碑文。"由于碑与"被"相通，有被绳子缠绕的意思，所以古代宗庙中拴着祭物的木柱或石柱也被称做碑。

先秦时期的碑与文字铭刻还没有什么关系，只是一种实用品。在石上镌刻文字与图画的早期实物还要到别的地方去寻找。

20 世纪 30 年代，在河南安阳殷墟遗址侯家庄的发掘中，曾出土一件残损的石簋（音 guǐ，古代的一种食具），在簋的耳部刻有细小的文字，这是可以确认的现存最早的石刻文字，距今大约 3200 年。除此之外，就再没有上古的文字石刻了。

早期的石刻文字确实非常罕见，但是体现当时石刻工艺水平的古代遗物却十分丰富。新石器时期和商周时期的遗址墓葬中，都曾发现过琢磨成各种纹样的玉饰、用石料刻成的小动物。在安阳四盘磨、殷墟侯家庄西北岗的一些商墓及著名的商代贵族妇好墓中，都发掘出了用玉石、大理石及其他石料雕刻的极其精致的人物雕像。这许许多多精美的艺术品，充分体现了远古时代人们加工石料的高超技艺。

如果我们再把目光放远一点，要追寻人类试图在石块上留下自己的痕迹，用石块来传达信息的历史，就应该走向荒原和深山，去看一下处于原始社会的先民们在山石上的作品——岩画。

岩画的研究，已经引起了世界各国学者的普遍兴趣。这是因为在世界各大洲的原始人类活动地区都发现了大量的岩画。比较著名的有法国与西班牙的洞穴壁画，北非与南非的岩画，北美印第安人居住区的岩画，澳大利亚土著民族的岩画等。中国在黑龙江、内蒙古、新疆、宁夏、西藏、甘肃、云南、四川、广西、贵州、江苏等省和自治区内都陆续发现了岩画，规模宏大，内容丰富。其中阴山岩画、沧源岩画、阿勒泰岩画等的发现都曾轰动海内外，引起人们的普遍重视。

在岩画中，通过大量的人物、动物画面，表现出当时人们的社会生活。有狩猎、交战、祭祀、生殖、舞蹈以及其他大量信息。对于这些岩画的内容及作用，学者们有过种种推测，我们就不一一评论了。这里只是想通过介绍岩画的制作方法看一看石刻产生的过程。

遍布各地的岩画有几种不同的制作方法，有些是用矿物质颜料画成的，在岩画中常可以见到一只手掌的轮廓，可能就是当时的人用手掌蘸满颜料拍上去的，这也许说明了先民们的手就是最初的绘画工具。然后，发展到利用毛刷等绘画工具作画。中国云南沧源岩画和北美、澳大利亚等地的岩画便是用赤铁矿粉等天然颜料绘制的。

另外一种画法就已经向石刻过渡了。它是先用工具敲凿石面，把要画的形体外轮廓勾刻出来，然后再在里面涂颜色。内蒙古阴山岩画等处就采用了这种方法。由此发展，才产生了完全靠凿、磨等手段刻出来的岩画，这已经完全是石刻的形式了。这样，在岩画中表现出来的人类利用石料表现信息的三个阶段，即用手和颜料涂画，用工具凿出轮廓线再涂色，完全用工具凿刻，它反映了人类逐步掌握石刻技艺，创造石刻形式的全过程。

现在国内发现的岩画，大多分布在偏远荒凉的深山莽原中，这不是说现在繁华发达的地区没有古代的岩画存在。只是被几千年来人类的经济活动破坏掉了而已。岩画曾经是远古人类普遍采用的一种思想表达形式，从某种意义上来说，它也是文字石刻的先声。这样，我们就可以从茫茫旷野、丛莽乱石之中来揭开石刻发展历史的第一页了。

## 放眼海外

人类历史上曾经有过许多辉煌的古代文明。在很多文明古国中都曾经大规模地利用石块作为工具和建筑材料，由此也产生了各种各样的石刻。值得注意的是，在几个主要的古代文明大国中，营造大规模石建筑和制作大型石刻艺术品的历史都很早。那么，这些石刻技术发展较早的海外古国会不会对中国石刻的产生有所影响呢？让我们概略地看一下中国以外几个文明古国的石刻情况。

一提起四大文明古国之一的北非埃及，人们马上会想到它那巍然耸立的大金字塔与狮身人面像。这些宏伟的石头建筑物与石刻艺术品已经成为古埃及文化的象征。而大量运用石材建筑神庙、陵墓、宫殿等和大量创作石刻艺术品也确实是古埃及文化的一大特色。

埃及的历史时代从公元前约 3100 年第 1 王朝的建立开始，这时已经出现了用泥砖制作的城堡和神庙等建筑。此后，石块开始加入到建筑材料中来。大约在公元前 2650 年，出现了用泥砖和石块建筑的马斯塔巴墓。这是王公贵族的墓室，它在地下有墓穴和存放随葬品的贮藏间，地上用石灰岩块砌成长方形的平台建筑作为灵堂。因为它的外形与现代埃及人使用的砖砌矮凳"马斯塔巴"相似，所以得名。古代埃及人笃信灵魂不灭，认为只有保存好遗体，灵魂才有寄托。所以修建陵墓力求坚固。石料便成了主要的建筑材料。在马斯塔巴墓的基础上，发展成国王的巨大陵墓——金字塔。

金字塔的形状呈四角棱锥形，远望去与中文的"金"字相似，故而得名。最早的金字塔是第 3 王朝左塞王在萨卡拉墓地建立的阶梯形金字塔，高约 60 米，距今约 4500 年。从那以后，直至公元前 1550 年的中王国时期末为止，是金字塔的流行时期。历代国王们在埃及大地上修建了大量巨型金字塔，现在保留下来的还有80多座。这些金字塔全用巨大的石块砌成。最著名的胡夫金字塔，原高146米（现存高度为137米），塔基的每边长达230米（现存长度为227米），用大约230万块平均重2.5吨的石块砌成。它的入口位于塔身北侧中央，距地面约20米。在金字塔地下30米处，有一个被废弃的地下墓室，有斜坡墓道与入口相通。沿入口不远处一条上行甬道，可以到达第2个被废弃的墓室，再往上行便可以到达国王墓室，这里有胡夫的花岗石棺。国王墓室高约6米，顶部用一块重达400吨的大花岗石板覆盖。胡夫大金字塔以它形体庞大、设计科学及内部复杂巧妙的结构震惊于世，在古代希腊时便被人称做世界七大奇迹之一。时至今日，人们还为当时埃及人仅凭简陋的工具就把如此之多的巨石堆砌起来而困惑不解，惊叹不已。

金字塔也是石刻艺术的摇篮。在它的周围，常有国王的大型石雕像和狮身人面像。狮身人面像音译为"斯芬克斯"，原义可能是"栩栩如生的雕像"。它最早产生于埃及古王国时代（约公元前2686～前2181年），一直流行到公元前1000年左右。狮身人面像规格不一，最小的仅1米长，最大的可长达数十米。埃及最早、也是最大的狮身人面像为第4王朝哈夫拉王金字塔前的那一座。它除了两只前爪是单用石砌成的之外，整个身躯全用一块巨石雕成，高21米，全长74米。它的头部是哈夫拉国王的肖像，戴着国王的头饰，下颌有梳理成形的胡须。这种狮身人面像作为陵墓的一部分，既作为神像让人崇拜，又象征着埃及国王的威严与智慧。哈夫拉王金字塔、胡夫金字塔等处的狮身人面像都是古埃及文化的瑰宝，是埃及著名的古迹。

在公元前1567年以降的新王国时期，狮身人面石像使用得最为广泛，在那个时代的王陵和神庙通道两旁，经常排列着许多狮身人面像。在著名的卡纳克遗址中，有一条著名的"斯芬克斯大道"，通向太阳神阿蒙的神庙。路两边的狮身石像坐落有序。其中的狮身公羊头像，是阿蒙神的象征，因为阿蒙神在古埃及神话中常以公羊的形象出现。可见这种斯芬克斯像常用来代表神庙或王陵的主人。

在金字塔中，常有各种石质的雕像，如哈夫拉王金字塔中的国王雕像，神态庄重，造型逼真，反映了古埃及雕塑的高度水平。在神庙、王宫等建筑物遗址中，也保存有大量的石雕人像与浮雕画面。很多4000~5000年前的埃及石雕艺术品都是在世界艺术文化史上占有重要地位的瑰宝。如现藏法国卢浮宫中的埃及古王国时期的书记员像、碾谷女仆像，中王国时期的阿门内姆哈特三世雕像，等等。

从公元前约2300年的第5王朝起，国王和贵族们陵墓的墙上开始出现描绘人们生产和生活场景的浮雕。在第5王朝末代王乌纳斯的金字塔中首先出现了文字刻写的铭文，这是祝福国王的祷文，后人叫它"金字塔文"。这就像中国汉代出现的碑铭一样，将石刻文字引入了丧葬之中。以后埃及各个时代都有金字塔文出现，至今已发现 700 多处。这些铭文是用古埃及象形文字刻写的，具有明显的图画性质。在释读埃及古文字材料，了解埃及历史的过程中，这些金字塔文起了重要的作用。

埃及古代神庙、陵墓等处不仅采用大量的石材进行建筑，还竖立大量的方尖碑、墓碑等纪念性石碑。这些碑刻可以说是世界上最早的石碑之一。方尖碑是一种在神庙等处遗址中发现的石纪念碑，下部是一个四方棱柱，顶部是一个四面棱锥，形状宏伟，有的重达千吨。在卡纳克遗址、卢克索遗址等地，都保存有大量的方尖碑。这些碑刻上的铭文是宝贵的历史文献。新王国时代的阿马尔奈遗址中，在城市周围的陡崖上发现了 14 块大石碑，上面的铭文和图案表现了国王阿肯那顿对太阳神阿吞的祭祀经过。有的学者认为这是城市的界碑。墓碑也在古王国时代以后的墓地中大量出现。在阿拜多斯遗址中发现的奉献给阴间冥神奥西里斯的石碑，就是一件重要的古埃及宗教文物。这里还有记载着王名的墓碑等历史珍宝。

从这浮光掠影般的匆匆一瞥中，我们已经可以看到很多与我们熟悉的中国古代石刻依稀相似的影像了。且不说圆首的墓碑形状，陵墓与神庙中的壁上浮雕……仅就神庙门前大道两旁排列斯芬克斯的布局，就与中国古代陵墓前神道石雕的排布有着惊人的相像之处。当然，我们还没有确切的证据可以说明中国古代石刻直接受到古埃及石刻的影响。但埃及古代石刻在公元前两三千年就已经发展完善，并且具有了极高的艺术性与实用性，特别是它已经产生了碑、柱、浮雕画、造像等多种规格的石刻确定形制，构成了一个完整的石刻体系。如果再考虑到埃及石刻比中国石刻要早出现近2000年这一历史事实，就不能不令人认真思考一下了。

埃及的文化艺术，包括石刻，曾经向邻近的欧、亚地区传播，影响深远。而古代希腊文化、古代苏美尔文化等南欧西亚地区的古文明中，也具有利用石材建筑和雕刻艺术品、刻写文字的特点。

拿希腊本土上的青铜时代晚期文化——迈锡尼文明来说。距今3600年的早期迈锡尼文明遗址中已发现了石块构筑的墓室。晚期迈锡尼文明（公元前1425～前1100年）时的城堡遗址中，有用巨石环山建筑的高大城墙与王宫。城墙高8米，厚达5米，大门的门楣上立有三角形的石刻，刻有两头雄狮拱卫着一座立柱。这就是著名的"狮子门"。在迈锡尼城郊的9座圆顶石墓，反映了当时用石块建造陵墓的风俗。其中一座被叫做"阿特柔斯王宝库"的，全部用石灰岩构筑，高达13米，墓室直径约14.5米。墓顶用巨石作盖，最重的巨石每块可达120吨。后来公元前6世纪末至前4世纪初的希腊古典时代，更是石刻艺术成就辉煌、石材建筑大量涌现的黄金时代。这一时代的重要遗址雅典古卫城，是石刻艺术的宝库。如雅典卫城中央的巴台农神殿，就是宏伟壮丽的石建筑杰作。祭殿中供奉高达12米的雅典娜女神巨像。四周环有用大理石雕刻成的圆柱围廊。廊内四周墙上有长达160多米的浮雕画面。神殿的东西山墙还刻有希腊神话中的众神雕像。
这些石雕像都是古今罕见的精美艺术品，不少石刻被
运到欧洲各国，现在法国卢浮宫、英国大英博物馆等
地都藏有这里的珍品。石建筑艺术与石刻雕塑是希腊
古典文化的主要组成部分，并直接影响欧美的文化艺
术，成为西方文明的重要源泉之一。

　　西亚的美索不达米亚地区，是世界上最古老的古
代文明发源地。位于今伊拉克境内的乌鲁克遗址内，
发掘出了公元前3500～前3100年的文化遗存。这里的
建筑虽然还是以土坯、砖为建筑材料，但已经产生了
刻在石板上的铭文石刻。从出土情况来看，它可能是
当时神庙中的交易记录。这里还出土了有浮雕装饰的
石制容器、石雕像。有一块表现两个男人手执弓箭、
长矛与狮子搏斗的图画石碑也很著名。公元前2900年
以后的苏美尔早王朝拉伽什遗址中，曾出土大量石刻
人物像，这些人物都身披长袍，右臂裸露，身体的比
例不大匀称，身上刻有苏美尔文的铭文。这里出土的
一座石碑，高1.8米，宽1.3米，雕刻着俘获敌人的
战斗场面，被称做"安纳吐姆鹫碑"。在伊拉克南部的
乌尔王陵区，有10余座用砖和石材构筑的穹隆顶墓
室，说明石料已用于建筑。但是在以农耕为主的平原
地区，石刻更多的是作为纪念碑、雕像等出现。在苏
萨和尼尼微城址等地发现了公元前24世纪的石碑、雕
像等遗物，其中较著名的是国王纳拉姆辛胜利石柱，
它在一件高2米的红砂石柱上刻画了纳拉姆·辛作战
获胜的场面。这种用图画记事的石刻在西亚、中亚早

期很流行。另一件玛尼什吐苏方尖碑的碑形与埃及的方尖碑相似，上面用阿卡德文字刻写了一个有关土地买卖的契约。

两河流域在公元前18世纪后进入古巴比伦王国时期。这一经济文化的兴旺时期留下了大量宏伟的建筑遗迹、华美的艺术品、重要的泥板文书、石雕等珍贵文物，其中最为著名的就是在世界史上占有重要地位的石刻《汉谟拉比法典》。它是一件用磨光的玄武岩刻成的圆锥形石碑，高2.25米。顶部是0.71米高的浮雕画面，表现司公正之神夏马西向国王汉谟拉比授予权杖。碑身上用阿卡德楔形文字刻写了282条当时的法典条文，内容包括诉讼、盗窃、租佃雇佣关系、商业高利贷关系、债务、婚姻、遗产、继承、奴隶买卖等，比较全面地反映了当时的社会情况。碑文中还有歌颂汉谟拉比功绩和宣扬法典公平的前言与结语部分。这件碑刻完成于公元前18世纪，据说原先树立在西巴尔城内的夏马西神庙中，公元前12世纪时被埃兰人作为战利品劫到苏萨城。1901年法国考古队在发掘伊朗境内的苏萨城址时发现了这件碑石，现藏在法国巴黎卢浮宫中。这种碑刻形式已经很完善了。古巴比伦晚期的浮雕界碑——"库杜路"中，便承袭了这种石刻风格。

降至公元前11世纪，庞大的亚述帝国在西亚崛起。这时的石刻艺术达到了古代西亚石刻的高峰。在伊拉克的尼尼微、霍尔萨巴德、尼姆鲁德等遗址中，出土了大量精美的石雕，有带翅的人面雄狮、公牛、神兽，以及大批装饰墙壁的浮雕石板。浮雕中有描述国王作战获胜及狩猎的场景。"负伤的牡狮"等表现猛兽的画面中生动逼真地刻画出动物的体态与活力，显示出高超的艺术创造水平。

公元前6世纪，波斯帝国在中亚伊朗高原西南部兴起。在大流士一世在位的极盛时期，波斯帝国曾横跨欧、亚、非三洲。它在吸收和继承埃及与两河流域古文化的基础上，加入自己的民族特色，形成了繁荣的波斯文化。现在发现的波斯帝国主要文化遗址有在今日伊朗境内的波斯波利斯城址、帕萨加第城址和苏萨城址等。在这些城址中，发现了大量石材建筑的宫殿、石雕、石制容器等，充分表现出波斯人驾驭石料，进行石雕艺术创作的高超才能。

在波斯波利斯城址中，考古学者们发掘出的主要建筑物有一对包括160级台阶的庞大石阶梯，有一座用72根高21米的巨型石柱支撑的大会厅（现存石柱13根），还有著名的百柱厅，它是具有100根石柱的朝见大厅。这里还有宫殿、陵墓、营房、贮水池等。建筑物的表面经常装饰有大理石和琉璃砖，门楼、门厅、石柱、石阶上都有石雕装饰物。台基等常做成负重的动物形象，狮子等猛兽的雕像和人面兽身像十分多见，艺术造型也非常出色。这样大规模的利用石刻，是与古埃及文化、古希腊文化一脉相承的。人们认为，波斯建筑与雕刻具有极高的成就，形成了自己的独特风味，这正是在继承古波斯传统技艺并吸收了希腊石匠技艺的基础上，融合中亚、西亚各地艺术因素发展而成的。

这个时期的重要石刻还有著名的贝希斯顿铭文记功石刻。这是一件巨大的摩崖刻碑，坐落在伊朗克尔曼沙阿城东 30 公里的贝希斯顿村附近山崖上。它是在崖壁上修整出多幅长方形碑面后，刻写了长达 1200 行的铭文和浮雕画，主要记载了大流士镇压国内的高墨达政变及全国性暴动这一事件。浮雕用精细逼真的造型刻画出大流士俘获高墨达及反叛国王的场面。这件碑刻上有古波斯文、巴比伦文与埃兰文 3 种楔形文字的铭文。它的释读成功，为人们认识所有的楔形文字奠定了基础，极大地促进了古文字学的发展。

以上简略地介绍了一些远远早于中国石刻出现的重要海外石刻。可以大致看出，利用石材建筑宏伟的建筑物发展石雕艺术，以及竖立纪念碑等文化特征，是从古埃及文化到古希腊文化、古巴比伦文化，乃至古代波斯这样一条脉络传播发展下来的。石刻技艺和艺术造型方法也是这样通过古代各国及各民族之间的交往由西向东流传。所以，在各国的古代石刻中，都既有自己的民族特色，又带有比本地先进的外来文化痕迹。

中华文明成长的过程中，也不断吸收外界的文化营养，不断在向西方探索。远在公元前 10 世纪，就有周穆王西征，会见西王母的传说，近人认为这是周人到达中亚地区，与当地民族接触的记录。而据文献记载，汉代为了消除北方匈奴的威胁，与西方的接触日益增多，了解也日益加深。《史记·大宛列传》中记载着：著名的西域探险家张骞开通西域往来，他曾经亲自去到大宛、大月氏、大夏、康居等国。张骞派出的副使出使到身毒、于阗、扜罙等国。这些国家，分布在今日中亚费尔干纳盆地（在原苏联境内）、阿富汗、南亚印度及中国的新疆地区。以后，又向西通使到罽宾、安息、大秦等地，即到达今伊朗及两河流域地区。这些国家的使节和商人开始来到中国。汉朝的使团也大量出使，多时每年有十几个使团出行，少时一年也有五、六个。每个使团多达数百人。这些使者把外国的新鲜事物大量带到中原来，影响到中国的文化生活。《汉书·西域传》里记载：汉武帝以来，西方的"明珠、文甲、通犀、翠羽"等珍宝充满了宫中，皇家园林里养满了狮子、大象、鸵鸟、名马等各种西方奇禽异兽。"殊方异物，四面而至。"在这些开始与汉朝密切交往的国家内，大多具有悠久的石刻历史，擅长雕刻技艺。这种文化习俗不可能不受到汉民族的重视。《汉书·西域传》中还着重记录了罽宾等国的人民擅长雕刻石料，修建宫室的特点。正说明中亚、西亚的石刻技艺引起了汉民族的浓厚兴趣。特别耐人寻味的是：中国石刻的大量出现正是在西汉后期开始的，而汉代碑石、摩崖、画像石等石刻形制，都与远远早于汉代的中亚、西亚乃至北非古代石刻有着惊人的相似之处，例如汉碑的圭首、圆首、上部用图案装饰、表面精工磨制，摩崖的表面修整出碑形等特点，在中国汉以前的文物中是无法见到的。

在对历史作了这样一次短暂回顾后，西方文化中的石刻艺术是否对中国石刻的产生和发展产生过影响？该是比较容易做出回答的。

## 先秦时期的石刻遗物

在中国各地现在了解到的新石器时期文化遗址中，除去石制工具外，很少有石刻艺术品出现。这时的石制装饰品主要是一些玉石及其他石料制作的环、珠、坠等小型饰物，由磨、钻等工艺手段制成。如仰韶文化、大汶口文化、山东龙山文化等考古学文化区域内，都曾发现石制的小型人体装饰品，北阴阳营文化中出土的玛瑙玦（上面有缺口的圆环形装饰物）、玉璜（半圆环形的饰物）、玉管、三角形石坠等，都磨制得十分精细，五彩缤纷。有些石饰物还成批装入陶罐中随葬，说明当时人们已经很珍爱这些晶莹美丽的石制品了。

近年来，在辽宁省东沟县后洼遗址中曾出土一批小型的石刻艺术品，这批石雕最大的也不过 6 厘米高，最小的仅 1 厘米左右。其中有猪、虎、鱼、鹰、鸟、蝉等动物形象，也有人和人头像。这样小的石雕很可能是随身带着的吉祥物，起着辟邪和护身的作用，也可能是一些氏族崇拜的动物图腾。这一批小石雕产生的时代大约距今 5000 年，说明中国原始先民们很早就设法利用石头制作艺术品了。如果把它和以后的文字、艺术石刻看成同一类的话，那么，中国的石刻历史也就可达 5000 年以上了。

在浙江、江苏地区的良渚文化遗址中，多次发现大量由玉石制作的礼仪用品，如祭祀和丧葬等仪式中使用的琮（一种外形为方柱体，中间钻有圆孔的礼

17

器）、璧（圆环形的装饰品）、镯、钺（横向的大斧）、杖首、带钩等，上面往往刻有精致的花纹，有人面神兽、鸟、兽面等。江苏武进县寺墩 3 号墓一处出土的玉器就有 100 多件。浙江余杭县反山出土的一些玉琮极为精美，是良渚文化玉器中的代表器。这些玉器可能都是用旋转的木轮加上沙子磨制成的，与用钻凿刻石的工艺有所不同。这些玉器工艺精湛，花纹繁缛，反映了当时氏族的装饰习惯与宗教信仰，也表现出人们对使用石料的兴趣。但这与石刻之间还有相当大的距离。所以，尽管在后来的商周文化遗址中曾出土大量精美的玉雕、石雕，甚至有小型的人物、动物圆雕像，但文字石刻和建筑用的石刻却久久未能面世。

追寻起来，现存最早的文字石刻，可能要算在河南安阳殷墟侯家庄发现的一件商代晚期石簋（一种古代的食具）。在这件白石雕成的簋耳上刻有器主的名字，书体与当时的甲骨文字相似。除此之外，现存的自商周至秦代以前的大型石刻，只有秦国的"石鼓文"、"诅楚文"，中山国的"守丘刻石"等寥寥几种。

石鼓文是最为著名的古代石刻瑰宝。它一共有 10 件，每件上刻写一首与《诗经》风格韵律相近的四言诗。文字奇古，内容丰富，历来深受文人学者们珍视。叫它石鼓文，是因为这些石刻是环刻在外形上圆下平的石材上。这种形状有些像鼓，但更接近今日的馒首外形。而刚出土时，唐代文人便叫它石鼓，所以沿袭下来。实际上，这种形制的石刻通称作"碣"。明代郭宗昌曾为之正名为"石碣"，后来又有人称它"猎碣"，是由于内容中有秦王出猎的诗句。

　　石鼓出土的具体时间还不好确定。但据《元和郡县志》卷二天兴县条的记载：贞观年间，吏部侍郎苏勖曾经记录了天兴县内有石鼓的情况。这样看来，在唐朝初年，石鼓文已经出土问世。后来中唐时期的著名文人韦应物、韩愈分别作了"石鼓歌"来赞颂石鼓，更使它的声名显赫于世。唐代贞元年间，郑余庆将这批石鼓移到陕西凤翔城中的夫子庙中保存。五代时期中原战乱不止，城池多被毁坏。这10件石鼓便流散在凤翔乡间，有1件还被农民凿成石臼使用。直到北宋初年，司马池任凤翔府尹时，才设法搜集，找到9件，重新移回府学中收藏。北宋皇祐四年（1052年），向传师终于找到短缺的最后1件石鼓，补足全璧，可谓失而复得。北宋时金石收藏之风兴起，皇室更是热衷于此。宋钦宗、宋徽宗等风雅皇帝搜遍天下名石，下令将石鼓由关中运到东京汴梁。大观年间，石鼓送到汴梁国子监辟雍，后来又移入皇宫保和殿。为了保护石鼓文字，宋徽宗用金子填入字迹中，表示永不复拓。但是谁能料到，宋室倾覆，国宝被虏。金国攻破汴梁后，将石鼓和其他宫中珍宝一起搬运回燕京（今北京）。金兵们剔走字中的金子，反而造成了文字更大的毁损。金、元以来，石鼓一直安放在北京国子监等地。在抗日战争中，石鼓与故宫文物一同南迁，辗转于西南各地，每个近1吨重的石鼓长途搬运，该是何等的艰辛。但它仍安然无恙地在抗战胜利后返回北京故宫。这真是文物工作者们创造的奇迹。

由于历代捶拓不断，加上风化和人为残毁，今天我们所能见到的石鼓，文字残泐得已经十分严重，破坏最厉害的第8鼓上已经一个字也没有了。据统计，10件石鼓上仅存272个字。因此，想了解石鼓文的原来面貌，必须依靠早年的拓本。其中最完善的是明代人安国收藏的北宋拓本3种，人们习惯称之为"先锋本"、"中权本"、"后劲本"，以作为区分。这3种拓本也不一样，相互补充，可以读到原石鼓上的501个字。而北宋欧阳修《集古录》上记载，他见到的石鼓拓本上只有465个字。到了元代人潘迪作《石鼓文音训》一书时，所见拓本上仅有386个字了。安国所藏的3种原拓被日本人三井购去，已不知下落。所幸郭沫若在20世纪30年代曾见到河井氏藏安国拓本的照片，将它翻印下来，后写成《石鼓文研究》一书出版，才保留了这一珍贵的材料。

石鼓文的文字与西周铜器上的铭文书体相似，粗犷凝重，雄浑有力，即以前金石学者和书法家惯称的"籀文"。清末学者王国维将春秋战国时的文字形体分为东方六国的"古文"体系与西方秦国的"籀文"体系，石鼓文是这种理论的重要证据之一。这种划分是因为秦国使用的文字形体变化较小，不如东方六国的变动迅速，形式多样。秦统一天下后，便在这种书体的基础上制定了小篆，通行全国。这就是众所周知的"一文字"——文字书体统一化。

石鼓文刻写的确切年代，也是近千年来学者聚讼不下的一个问题。唐代文人大多认为它是西周的产物。

如韦应物在《石鼓歌》中说："周宣大猎兮岐之阳，刻石表功兮炜煌煌。"将它说成西周宣王时的刻石。金代人马定国则认定它是北周时的刻石。清代人俞正燮根据《魏书》中记录北魏皇帝到岐阳祭祀一事，认为石鼓文是北魏太平真君七年西征盖吴时留下的刻石。

到了近代，出土古文字材料日益增多，人们对石鼓文的认识也日益深入。学者们普遍倾向于判定石鼓是春秋战国时代的遗物，但具体是哪一年，仍有多种不同看法。马衡、郭沫若、马叙伦、罗振玉等人主张春秋时期，提出秦文公时、秦穆公时及秦襄公八年时等几种看法。罗君惕、唐兰等人主张战国时期。唐兰提出秦献公十一年等说。但这些说法都没有确定不移的证据，因此各种说法仍然并存，没有一个统一的结论。不过可以确定石鼓是先秦最大的一种石刻遗物，它距今至少有 2000 多年。

诅楚文是刻写在石板上的祷告神灵、诅咒楚王的册文。它也是战国时秦国的产物，一共有 3 件，第 1 件叫"巫咸文"，是宋代嘉祐年间在陕西凤翔开元寺附近出土的。宋代大诗人苏轼曾经写过一组《凤翔八观诗》，记述了这件事。宋徽宗时把它收归皇宫御府。"巫咸文"刻在一块长方形的石板上，共有 326 个字，其中有 34 个字磨灭无存。第 2 件叫"大沈厥湫文"，厥湫，就是湫渊，是在今甘肃泾川县境内的一座水潭，又叫朝那湫。根据《史记·封禅书》的记载，秦国在这里祭祀朝那水神。这件石刻是在宋代治平年间由当地农民发现的，现存 318 字。第 3 件叫"亚驼文"，亚

*21*

驼即指滹沱河。郭沫若断定这是宋代人仿照巫咸文和
大沈厥湫文伪造的。

这些"诅楚文"的内容都是先追述先代秦穆公和
楚成王的友好关系。再历数楚王熊相的各种罪状，诅
咒他的进犯。表明了秦国军民被迫反击、同仇敌忾的
决心，以及请求神灵护佑，使秦军战胜楚国。它们当
初的作用，和在河南温县、山西侯马等地出土的战国
盟书相同，都是向神灵昭告用的宗教礼仪用品。在举
行过祭祀仪式后，将文书投入水中或埋入地里，表示
送给神灵知晓。

在河北省平山县三汲镇战国时期中山国王墓区内
曾经出土一件"守丘刻石"。这件石刻是刻在一块未经
任何加工的大河光石上的。原石高 0.9 米，宽 0.5 米。
上面刻了 19 个字，分为两行。内容是中山国监管王室
园林渔猎的官员和守卫陵墓的官员向后人的提示，可
能是表明这里已是陵区，请予注意。这件刻石有兼作
地界石的作用，由此反映出战国时期可能已经常有利
用天然石块刻写铭文的做法了。

除此之外，以前的金石书中还记录了一些被认为
是先秦石刻的遗物。如岣嵝碑、坛山吉日癸巳刻石、
比干墓字、吴季子墓碑、红崖刻石、锦山摩崖等，这
里有一些是后人附会的秦汉刻石，如坛山吉日癸巳刻
石、比干墓字、吴季子墓碑等。也有一些还无法确定
是什么时候的石刻。其中最有名的，就是被人们当做
夏代大禹手迹的"岣嵝碑"。

岣嵝碑原来刊刻在湖南衡山的岣嵝峰上，是一件

摩崖石刻，共有 77 个字。它在唐代已被人发现，但后来原石便不知去向了。现在陕西西安碑林、浙江绍兴、河南开封禹王台等地均有后代根据拓本摹刻的碑石。在宋代的金石著录中没有一处提及岣嵝碑，至明代的文人杨慎、郎瑛、沈溢等人才作有释文传录。但这些释文实在是毫无根据。说它是夏代大禹的刻石，起源于唐代诗人韩愈、刘长卿等人的附会。韩愈在诗中说："岣嵝山尖神禹碑，字青石赤形模奇。"但是他又说："道人独上偶见之，我来咨嗟涕涟洏，千搜万索何处有，森森绿树猿猱悲。"看来韩愈白白爬上岣嵝峰，却没有见到石刻，大约那时它已经被毁了。从现有的各种摹刻本来看，它上面的文字形状很奇特，像变形的图画符号，又像唐宋道家的符篆。因此，它也可能是古代的崖画遗存或者巴蜀图形文字。近年来，浙江省博物馆的古文字专家曹锦炎同志在综合比较各种拓本的基础上，用形体相近的古文字比附岣嵝碑文，对它作了重新释读，认为它是战国初期越国的石刻。刻石时间为公元前 456 年，刻石人为越国太子朱勾，内容是祭祀衡山山神的祝告。这种说法颇具见地，如能确定，不仅对越国史的研究会产生重大影响，而且能将中国摩崖刻石产生的年代明确在战国以前。

红崖刻石是在明代末年发现的，至今仍保存在贵州省关岭县南龙爪树后晒甲山上。它是一片宽 10 米，高 6 米的山崖，上面共有 40 余个文字（或图形符号）。这些文字无人认识，大小不一，最大的达 1 米以上，最小的只有 20 厘米左右。最奇怪的是近前细看时找不到斧凿痕迹。明代嘉靖年间，邵元善在《红岩》一诗中首先介绍了它的存在。但直至清代中叶，才有人认真地捶拓了它的拓片，流传于世。嘉庆年间，翁方纲又制作了红崖刻石缩小的摹刻本。前人对它同样作了多种附会和猜测。有人说它是商代殷高宗伐鬼方时的刻石，有人叫它"三危禹迹"，又有人说它是诸葛亮南征时的刻画……甚至海外学者也对它产生了兴趣，如法国人柏菇雷等就认为它"含有绝对的神秘性"。也有人否认它是人工刻石，认为这是天然形成的痕迹。从邻近贵州的广西、云南等地崖画情况来看，红崖刻石很有可能是一种古代的崖画遗存。

这些先秦时期的石刻，虽然形制各异，没有系统的类型，制作技术又比较原始，但它们仍然可以说是中国古代石刻在本土上生长出来的萌芽，是古代石刻的先源。这些遗物，标志着中国石刻早期缓慢而艰难的发展历程。

# 二　树碑之风的先声

## 1　碣石颂功

"东临碣石，以观沧海"。这是魏武帝曹操留下的豪迈诗句。自秦始皇巡游天下，来到碣石，刻铭于碣石门以后，伟岸挺立的碣石便不但象征着华夏古国的东北门户，也成了早期铭功石刻的一种名称。

近年来，辽宁省的考古工作者们在山海关以北地区清理出了秦始皇巡幸时的建筑遗址，并且判定山海关以北地区，现在矗立于海水中的"姜女坟"就是秦代的碣石。而这"姜女坟"正是孤身挺立的一块蚀柱形巨石。因此，东汉的《说文解字》中解释"碣"字的本义是"特立之石"。

在这样一块单独矗立的天然大石块上刻写铭文，无疑是十分壮观的。这种铭文石刻在秦代曾经被多次使用，古人沿用了碣石的称呼，把它们叫做"碣"。这种石刻表现了比较原始的铭刻形式。先秦时期的刻石材料采用的都是这种孤立的天然大石块或略加修整的天然石块。秦代沿袭了这种铭刻方式。

"秦皇扫六合，虎视何雄哉。"

千古一帝秦始皇统一中国以后，形成了空前强大的封建专制国家，"西涉流沙，南尽北户，东有东海，北过大夏。"分为三十六郡，控御于秦始皇一人手中。为了巩固这个新统一的泱泱大国。秦始皇自始皇二十七年（公元前220年）开始，多次出巡天下。在这些次出巡中，几乎每到一处，秦始皇都要立石刻铭，颂扬秦皇的丰功伟绩。正如琅玡刻石铭文中所说的："古之帝者，地不过千里，诸侯各守其封域，或朝或否，相侵暴乱，残伐不止，犹刻金石，以自为纪。古之五帝三王，知教不同，法度不明，假威鬼神，以欺远方，实不称名，故不久长。其身未殁，诸侯倍叛，法令不行。今皇帝并一海内，以为郡县，天下和平。昭明宗庙，体道行德，尊号大成。群臣相与诵皇帝功德，刻于金石，以为表经。"

细细诵读这段碣文，我们可以体会到，不仅远在先秦，各国诸侯便有刻写石铭记载功德的风气，而且大型石刻一问世，可能就被牢牢套上了歌功颂德的使命。用它来向天下宣传，树立威严，传扬功德，确实是既显著又坚固久远的了。这也是石料本身所决定的功能吧！

秦始皇自视超过三皇五帝，创造了旷古未有的功业。这种功德，自然要大力称颂一番。于是，在始皇帝二十八年（公元前219年），他出巡到东方的邹县，这是春秋战国时期鲁国的故地，是文化教育的中心，又是孟子故里，有必要在精神上加以威慑。秦始皇便和原来鲁国的儒生们会面，商议在邹县峄山上刻石，歌颂秦的功德，并且商议了在泰山封禅，祭祀山川的事。在峄山的刻石是史书记载的秦代第一件刻石，西汉司马迁的《史记·秦始皇本纪》中记录了这件史实，但却没有记下它的铭文，这是为什么，至今没有人能解开这个谜。

峄山刻石在北朝时期便遭毁损，至唐代完全破坏，所以无法得知它的原来形状。据唐代封演的《封氏闻见记》中记载：北魏太武帝登山时让人把峄山刻石推倒，但是历代还摹写拓本作为写字的范本。当地人由于不堪忍受供应拓本的劳苦，就在刻石下面堆上柴草，放火烧了它。从此刻铭残缺无法摹写。然而上级官员索求不断，有一个县令就找来旧拓本刻成石碑，放在县衙中，要的时候就可以拓取。封建官吏索取、收藏石刻拓片，反而造成了石刻本身的厄运，这种破坏在中国石刻的历史上是屡见不鲜的。

峄山刻石被焚毁的时间，可能在初唐。杜甫的《李潮八分小篆歌》中说："峄山之碑野火焚，枣木传刻肥失真。"看来那时距离焚毁刻石的时间还不太长，所以杜甫还能鉴别出摹刻本的不同。当时也可能流传有峄山刻石的拓本及摹本，所以后代能多次摹刻峄山刻石。现在西安、邹县等地都有峄山刻石的摹刻。西安碑林中的一件是宋代郑文宝用他的老师——著名文字学家徐铉藏的摹本刻成的，拓本流传得比较广。但是石材制成标准的圆首碑形，肯定与原来的刻石不同。

接着，秦始皇登上泰山，在泰山上立石，刻辞颂功。在铭文中，他要求臣民遵规守法，使天下安定，让秦代代相承，"化及无穷"。这也是秦代刻石中反复宣传的要旨。然后，他继续东行，到了今山东半岛东端的烟台、黄县一带，在芝罘立石，这次立石后可能没有刻字。再向南到了琅玡，就是今天胶南市东南海边的琅玡台。秦始皇非常喜欢这个地方，在此住了3个月，在琅玡山上修建了多层高台，起名琅玡台，并且立石颂德。这就是琅玡刻石，它是秦代刻石中铭文最长，可能形制也最宏大的一件。

泰山刻石的残件现在还保存在泰安城中岱庙的东御座院内。北宋人刘跂在《泰山秦篆谱》中记述当时所见泰山刻石的形状："其石埋植土中，高不过四、五尺，形制似方而非方，四面广狭不等，因其自然，不加磨砻。"由于石下半截埋入土中，刘跂记录的高度有些误差。北宋人董逌在《广川书跋》中记录了泰山刻石被重新竖立后的情况："视其石高才八、九尺，方面二尺余，以乱石培其下。"这个高度比较接近事实。

刘跂当时摹写的泰山刻石铭文，可读者尚有146个字。而到了明代嘉靖年间有人再去寻访泰山刻石时，它早已残毁，埋没在草莽乱石之中了。当时北京人许庄找到它，将它移到泰山顶上的碧霞祠中，全石已经只剩下29个字可以辨识。这就是著名的泰山二十九字。近代学者容庚曾考证说它已不是原石。但就是这件残石，也在清代乾隆五年（1740年）碧霞祠火灾中毁灭不见了。清代嘉庆二十年（1815

年）春天，泰安县令蒋因培听说玉女池中有泰山刻石残片，便命人打捞，寻到另两块残石，上面一共仅有十字，便把它嵌入山顶东岳庙的屋墙内。道光十二年（1832 年）东岳庙废圮，人们又把这两件残石移到山下道院，后来又移到现在存放的地点。这就是泰山十字，它是秦二世东巡时，在秦始皇刻辞后面补加的诏书文字中的残片，据说由丞相李斯篆书，鲁迅先生曾称赞它的笔体"质而能壮"，是书法界珍视的瑰宝。

琅玡台刻石是秦刻石中保存最好的，近 2000 年来一直保存在琅玡台上的海神祠中。据清代学者阮元记载：石高丈五尺，下宽六尺，中宽五尺，上宽三尺，顶宽二尺三寸。南北厚二尺五寸。换算成现在的尺度，有近 5 米高，气势是很宏伟的了。

琅玡台刻石在清代乾隆年间已经断裂开，当时的诸城知县宫懋让派人用铁箍加以箍合。但到了光绪二十六年（1900 年）时，不幸被大雷电击碎。从此碎石埋没流散。至 1921 年及 1924 年，诸城人景祥才陆续在荆棘丛中寻找到它的碎块，加以拼合黏结，嵌入古物保管所的墙壁中保存。1959 年，它被移到中国历史博物馆作为国宝保藏。

现存的琅玡台刻石只是秦二世续刻的诏书部分，秦始皇留下的刻辞早已不存在了。

秦始皇二十九年（公元前 218 年），秦始皇再次到芝罘岛，在石上刻铭，并且又在此岛上留下了另一件刻石，后人称之为"芝罘刻石"和"东观刻石"。这两件刻石到了北宋时，已仅存秦二世续刻的诏书 20 余字。北宋末年金石学家赵明诚《金石录》中记载："秦始皇二十九年登芝罘山，凡刻两碑，今皆摩灭，独二世诏二十余字仅存，后人凿石取置郡廨。"这正由于宋代人把这两件刻石凿下来移到了郡城中，使得它们从此下落不明，无处寻觅了。

秦始皇三十二年（公元前 215 年）秦始皇东巡到北方的碣石，在那里刻石颂功。三十七年（公元前 210 年），秦始皇南下到浙江会稽，在会稽山上祭祀大禹，然后又立了刻石。这两件刻石被毁坏得很早，北宋时期的金石著录中就已经不再出现了。北魏郦道元的《水经注·河水五》中说："以汉武帝元光二年，河又徙东郡，更注渤海，是以汉司空掾王璜言曰：……碣石在海中，盖沦于海水也。昔燕齐辽旷，分置营州，今城届海滨，海水北侵，城垂沦半。王璜之言，信而有证，碣石入海，非无证矣。"说明碣石刻石可能在汉代就已落入海中。而会稽刻石则在唐代还保存在原地。唐代张守节的《史记正义》中说："其碑见在会稽山上，其文及书皆李斯，其字四寸，画如小指，圆镌，今文字整顿，是小篆字。"但以后就不知去向了。

《史记》中记录的秦始皇刻石一共有这七件。秦二世继位后，在二世元年（公元前 209 年）也仿效秦始皇的先例，到东方巡游。每到一处，都在秦始皇所立的刻石上附加一段刻铭。所以现在所见的秦刻石遗文，大都是二世刻铭中的文字。

除此之外，是不是还有史料中没有记录下来的秦代刻石呢？这种可能并非不存在。秦代生产工具的发展，使得人们可以随意在石上刻写。《史记·秦始皇本纪》中记录了一个故事：由于秦朝的残暴统治，人民的反抗怒火越来越旺。秦始皇三十六年（公元前211年），有一颗流星坠落到东郡地区。那里的百姓就在这颗陨石上刻写了"始皇帝死而地分"的字样。这件事极大地震动了秦朝统治，使得秦始皇为此惊恐不安。可见在当时，刻石作铭并不是什么罕见的事了。

在陕北地区的文物普查中，曾有群众反映在秦直道的遗址附近曾经有过秦代的刻石，后来落入沟崖之中了。虽然现在还没有发现，但这也表明，随着考古工作的日益深入，可能会有更多的秦代刻石被发现。

## 西汉的文字石刻

到遍布古迹的关中大地去游览的人们，几乎都要到西汉茂陵遗址的霍去病墓去看一看。这里高高耸立起模仿祁连山的坟冢，象征着霍去病讨平匈奴，安定边疆的赫赫战功。而更为吸引人们的遗物，则是保存在这里的汉代大型艺术石刻。这些石刻大多利用石块的天然形状加以修整雕饰，形成一种朴拙粗犷的美感，其中有石虎、石象、马踏匈奴、卧牛、野猪、蟾、鱼、怪兽吞羊、人抱熊等，共16件。这是汉武帝为了纪念霍去病，而在他的墓前设置的石刻，从中可以看出西汉时期的人们已经掌握了相当高的石雕技艺，他们不但具有了高度概括的艺术造型能力，而且能够纯熟地运用圆雕、浅浮雕、线刻等多种手法。在考古发现中也可以了解到，西汉已经开始较普遍地使用钢铁工具，用于刻制精细石雕的工具的硬度、韧度都不成为问题。也就是说，利用石料雕刻的实践经验、刻制技艺、石雕刻工具等具体条件都已经成熟，大量运用石刻的时机已经到来。

但是很可惜，在强大统一的西汉时期，仍然没有形成固定形制格式的文字石刻出现，甚至连秦刻石那样的碣文也没有能再度出现，至少是我们今天没有能见到什么有固定形制的西汉文字石刻。苛刻一点讲，西汉是一个没有利用文字石刻的时期。

从现有的古代文献记载和实物来看，西汉没有什么文字石刻这一点是比较可信的。远在北宋时期，由于金石收藏鉴赏之风的兴起，当时社会上对古代石刻还是比较珍视的。而北宋的金石家们大力搜求，也没有能找到多少西汉的文字石刻。所以北宋著名学者、金石收藏家欧阳修才在他编集的《集古录》中断言："到东汉以后才有碑文。要想寻求西汉时的碑碣，始终不能找到。"北宋另一位著名金石家赵明诚，好古成癖，用毕生精力搜集石刻，最后也仅得到上谷府卿坟坛、祝其卿坟坛等几种西汉石刻，收在他编著的《金石录》中。而且他认为是西汉石刻的一种建元三年郑三益阙铭，经后人考证，认为并不能完全确定是西汉的石刻。可见西汉石刻罕见这一现象，并不是由于近代的破坏所造成的，而是本来制作的石刻就极少。

综合现有的各方面实物资料，可以看到，现在所能见到的西汉（包括王莽新朝）石刻文字一共才有11种，它们是：霍去病墓石刻字2件，群臣上寿刻石，鲁北陛石题字，广陵中殿石题字4件，巴州民杨量买山记，五凤刻石，麃孝禹刻石，祝其卿坟坛，上谷府卿坟坛，莱子侯刻石和冯孺人葬志。

霍去病墓石刻字是在1957年发现的，一千多年来，没有人注意到霍去病墓前的石雕上有文字。由于时代变迁，风吹土掩，使得这些石雕有些被埋入地下。1957年，陕西省文物管理委员会的工作人员对墓区进行了认真细致的清理，发掘出了几块西汉石雕，并且在一座石兽和一个石块上发现了两条文字，一条是小篆书体的"左司空"3个字，另一条是隶书体的"平原乐陵宿伯牙霍巨孟"10个字。

司空是汉代管理皇室的建筑和器物制作等工程事务的官员名称。西汉沿承秦代官制，设有少府，负责管理皇帝的财产，供养皇室。下属官员中有左、右司空。在汉代建筑遗址中，曾经出土过刻写了"右空"、"都司空瓦"等字样的瓦当，也说明了司空有主管建筑的职责。

"平原乐陵宿伯牙霍巨孟"是两个人的籍贯和姓名。汉代设有平原郡乐陵县，就是现在的山东省乐陵县一带。宿伯牙、霍巨孟两个人可能是来自乐陵的刻石工匠。按照周代以来的官方规定，给官方制作的器物是都要刻写上有关官员和工匠的姓名的。这大概是中国最早的责任制吧。在湖北云梦睡虎地出土的秦简上有关于刻写工匠名字的详细法律规定。霍去病墓石刻字就是这类法令的具体体现。

群臣上寿刻石是清朝人杨兆璜在河北省广平县发现的,出土时间大约在道光年间。石上刻有小篆15字:"赵廿二年八月丙寅群臣上寿此石北。"关于它的年代,前人曾经有过几种不同的说法,清朝人沈涛认为它是十六国时后赵的刻石,张德容则说它是战国时赵武灵王的刻石。在确认它为西汉刻石的学者中,也有西汉文帝后元六年、武帝元光四年等不同意见。近人徐森玉根据铭文中的书法特点和干支记载认定它是汉文帝后元六年(即西汉的诸侯王赵王遂纪元二十二年)的产物。这是一件当时记录祝寿活动的记事石刻。

西汉诸侯鲁恭王是一个颇具传奇色彩的国王。据说他非常喜欢修建宫室,所以就要拆毁孔子的旧宅院,扩大自己的王府,但是就在他拆孔子旧居的时候,却听到从空中传来了一片钟磬琴瑟之声。于是鲁恭王便不敢再拆下去,并且意外地从孔子住宅的夹壁中得到秦代时藏进去的古文经书,给中国古代的学术研究增添了一段佳话。

鲁北陛刻石便是这位鲁恭王"好治宫室"的见证,石上共刻了两行字:"鲁六年九月所造北陛"和"六五乙"。上一行是造宫殿北边台阶的记录,下一行可能是建筑时这块石料的所在位置编号。这样认真的记录,说明当时这座宫殿的修建十分严谨,规模非常宏大。

根据金石书籍的记载，这块刻石是 1942 年在山东省曲阜县北鲁灵光殿的遗址出土的。由此可以断定是西汉鲁国灵光殿的建筑用石。灵光殿是西汉著名的宏伟建筑，东汉的名士王延寿写过一篇《鲁灵光殿赋》，用极其华丽的词句描述了这座直至东汉仍巍然屹立的巨大宫殿"连阁承宫，驰道周环，阳榭外望，高楼飞观"的壮观景象。修建这座宫殿所用的石料肯定为数不少，但目前能够见到的只有这一件了。

五凤刻石是在鲁灵光殿基西南三十步左右地点发现的又一件西汉石刻。它发现得比较早，是金国明昌二年（1191 年）重修曲阜孔庙时出土的。刻铭是："五凤二年鲁卅四年六月四日成"。很明显，这也是用于记录建筑工程的文字。由于五凤二年在灵光殿建成后，它记录的可能是一次修葺工程，或者是另外的一座建筑物，详情如何，就不可确知了。

广陵中殿石刻 4 件，也是和鲁北陛石刻等相近的工程用石记录。4 件石刻上只有 2 件的题铭还能看清楚，一件是"中殿第廿八"，另一件是"第百卅"。它们是清代学者阮元在嘉庆十一年（1806 年）于江苏省江都县甘泉山惠照寺的石陛下发现的，后来移到孟庙中保存。根据考证，甘泉山一带是西汉广陵厉王刘胥的陵墓所在。阮元记载，当地人把这里叫做琉璃王坟，可能就是刘厉王的讹称。所以，历代学者都认为这几块刻石是西汉广陵王宫殿的石料。刘胥死于五凤四年，这些石刻文字与五凤刻石的书写风格很接近。文字书体是带有篆意的隶书，也符合当时的时代特征。

相传在清朝道光年间出土于四川省巴县的巴州民杨量买山记是具有地界作用的另一类西汉石刻。铭文字数较多，是："地节二年正月巴州民杨量买山，值钱千百，作业。示子孙永保，其毋替。"地节二年（公元前68年）是西汉宣帝用的年号。这件石刻记录西汉人杨量用大量金钱买山作为私产的社会现实。它在西汉经济社会研究方面的作用是不可忽视的。

莱子侯刻石也是一件类似地界的刻石。它的形制比较大，是一块方形石材，上面画出竖界格，分成行。刻写的铭文是："始建国天凤三年二月十三日，莱子侯为支人为封，使者子食等用百余人。后子孙毋坏败。"这件石刻是清朝嘉庆二十二年（1817年）在山东省邹县峄山西南二十多里的一座小山——卧虎山前发现的，后来送到孟庙中保存。

由于铭文较长，其中一些字义较含混，使得近代学者们对它的内容产生了几种不同的解释。很多人认为它记录了为莱子侯的宗人封墓一事。而实际上"封"有封禅、封墓、封域等多种用法。特别是在汉代甚至先秦时期，"封"是地界的专用名词，在地界上都要挖出沟，在上面堆起土堆，种上树，叫做"封"。莱子侯刻石的铭文，就是记录了这样一次分割田产，竖立封界的大型经济活动。"后子孙毋坏败"的句子与巴州民杨量买山刻石中"示子孙永保，其毋替"的意思相同，都表现了将土地田产永远私有的愿望。可见当时社会中土地私有的观念已经多么牢固了。

祝其卿坟坛和上谷府卿坟坛是中国发现最早的2

件西汉文字石刻。相传原石最早存放在孔子墓前，后来移到曲阜孔庙中保管。但是由于时代久远，损坏太多，很多字已经无法辨识了。

根据早期的石刻拓本与金石著录，它们的铭文是："祝其卿坟坛，居摄二年二月造"、"上谷府卿坟坛，居摄二年二月造"。坟坛是设置在坟墓前面的祭坛，作用和后来的神主牌位相似。《礼记·祭法》中记载：孔子说，遥望到墓的地方设坟坛，按照时节去祭祀。说的就是这种坟坛了。这两件坟坛虽然简单，却是现在能见到的较早的在墓地设立的文字石刻，它们是墓碑的先声。由于这个使用石刻的领域被打开，才推进了中国古代石刻的大规模发展。所以，它们的意义不容小视。

在西汉文字石刻中，麃孝禹刻石的形制最接近后来的碑。它由一件上部修整成椭圆形的长方形石材刻写而成。上面画出直线界格，左上方用线刻出一只仙鹤。铭文分两行，是："河平三年八月丁亥平邑口里麃孝禹。"这件石刻是在清同治九年（1870 年）被宫本昂等人在平邑发现的。平邑这个地点，有人说是河南南乐。但据传说它出土地在山东省内，所以徐森玉判定它是在山东省费县的平邑集出土的。这件石刻现在存放在山东省博物馆内。对于它的性质，有人说是阙，有人说是神道额之类，也可能就是立在墓前的碑表。如果能确定，那么这就可以说是中国最早的一座石墓碑了。

冯孺人葬志是在 1977 年发现的。它实际上不能称做一件独立的葬志，只是在画像石墓中的一块画像石上刻下的一段铭文。内容是："郁平大尹冯孺人，始建国天凤五年十月十七日癸巳葬。千岁不发。"这件刻石的重要意义是：它表明当时社会上已经形成了在墓中留下文字，标志墓所的习俗。后代绵延千余年的墓志铭石刻，就是在这种习俗的推动下不断发展演化的。

西汉的文字石刻虽然如此稀少，但却包含了几个重要的应用方面，从中也可以看出中国石刻在早期的大致变化规律。霍去病墓石刻字、鲁北陛石题字等石刻告诉我们：西汉早、中期的石刻文字主要应用于建筑材料和简单的纪事上，是人物姓名、年月、材料标记等刻辞，还属于"物勒工名"的应用性质。从这个应用范围去推测，西汉时期刻有标记的石材应该是很多的，但也正因为它只是一般的建筑材料，很快就被后代改作他用，上面的刻铭也就损坏不见了。到了西汉的中、晚期，开始出现地界、符契一类的实用石刻。在西汉晚期和新莽时期，坟坛、祠堂神位和墓中题记一类的丧葬用石刻文字材料也开始产生。这时石刻的形制类型没有明显的分别。一些实用的石刻，如地界、墓碑还模仿世间官私文书的书写形式，刻上界格，模拟简牍材料。这些特点正反映出西汉的文字石刻没有独立自成系统，处于刚开始应用的幼稚阶段。

西汉时期的文字石刻没有得到发展的原因是多方面的，但必然与西汉社会奉行的政治文化制度与社会思想习俗等密切关联。西汉可以说是承继了秦代严格划一、高度集中的封建专制帝王统治。严酷完备的法律，统一系统的官制，皇帝亲自控制的政权、军权、财权，保证了皇权的绝对统治。如此的高度专权，使人们在政治上唯上是从，文化上呆板统一。特别是对学术思想的干预，早期崇尚黄老之学，注重简朴无为，重农抑商；后期又独尊儒术，提倡读经尊礼，从而缺乏生动活泼的文化学术气氛。今天从《汉书·艺文志》中看到的文学作品，也只有几种赋、歌、诗而已。秦始皇巡游时还会在各地刻石颂功。而汉代帝王却大多没有过类似的做法。我们能从古代文献中找到的记载，只是汉武帝在封泰山时，曾经竖立了一块刻石。《后汉书·祭祀志》引用东汉人应劭《风俗通》上的记载说："石高二丈一尺，刻之曰：事天以礼，立身以义，事父以孝，成民以仁。四海之内，莫不为郡县。四夷八蛮，咸来贡职。与天无极，人民蕃息，天禄永得。"这件刻石很早就被毁坏了。而从文辞看来，也更像是祷祝而不是颂功。

社会上不流行铭颂功德的做法，缺乏这种文辞。主要为歌功颂德而制作的纪念性石刻自然没有产生的条件。所以西汉的文字石刻大多局限于实用范围内，成为中国石刻兴起前的几小节乐符。

# 三 丰碑涌起——东汉的
# 树碑高潮

## 丰富多彩的艺术画卷
### ——汉代画像石

如果把中国古代的石刻发展过程比作一条源远流长的大江，那么，从上古三代至西汉这漫长的阶段中，各种零星的石刻就只是一条条山涧的小溪，从四面八方汇入这条大江的源头，而到了东汉以后，这条江水才真正形成宽阔的水流，扬波激浪，滔滔一泻千里。

在东汉时期，石刻不但普遍应用开来，而且形成了几种大的类型系统，有了各自独特的形制。也就是说，石刻这个门类正式成立了。

东汉时期比较盛行的石刻有画像石、碑、阙、摩崖、石雕像及其刻铭等。我们首先谈谈画像石。

汉代画像石是在板状石材的平面上雕刻出各种图画，雕刻手法一般采用浅浮雕或线刻，内容极为丰富，有各种人物、车马、房屋宅院、奇禽怪兽、神仙灵异、社会生活场景及历史故事画面等。那些工匠们以其写实的创作手法，给我们留下了汉代社会生活、思想意识及风俗习惯的生动的形象资料。

汉代画像石主要来源于东汉的两种丧葬建筑：画像石墓和祠堂。此外，在一些石阙与石棺上也刻有画像。画像石墓的内壁上，大多刻绘上画像。祠堂也是在构件内壁一面雕刻图像。很显然，这都是在模仿世间建筑的壁画装饰方式。

中国古代建筑中用壁画来装饰墙壁的做法产生得很早。近年来陕西省咸阳市郊以聂家沟、山家沟为中心的黄土原地上发现了大型的秦代宫殿遗址。学者们认为这就是当时秦始皇的咸阳宫故址。在这组遗址中的3号宫殿遗址回廊墙壁上，发现了精美绝伦的彩色壁画残片，壁画上绘有车马仪仗队伍、花卉纹样、几何图案等。这是目前能够见到的时代最早的彩绘壁画实物。可以想见，秦代已有了这么完美的壁画形式，壁画产生的时代就必然远在秦代以前。

两汉时期，用壁画装饰居室殿堂的风习十分流行。据记载：汉武帝在甘泉宫中画上各种神像。汉代宫殿中的画室、画堂，便是画上壁画的殿堂。西汉的尚书省中在墙壁上画古代的烈士名人肖像，被称做画省。上文中提到的《鲁灵光殿赋》中，描述殿堂中画满了各种图案，有虬龙、朱鸟、白鹿、玄熊等飞禽走兽，有荷花、水草等草木花卉，有神仙、玉女、山神海灵之类神异人物，也有从黄帝、唐虞到忠臣孝子、烈士贞女等历史人物故事画，就是对汉宫室壁画内容的一个全面介绍。

战国时期的《荀子》一书中说："丧礼者，以生者饰死者也，大象其生以送其死也。"给死者布置一个与生人在世时一样的生活环境，这是中国古代丧葬思想中的主要出发点。所以，古代人们总是把坟墓当做世间的房屋以及生存环境那样来装饰、安排。在西汉前期的黄肠题凑墓中，就呈现出以椁室来象征阳世宫室各个部分的迹象，如湖南长沙的象鼻嘴 1 号汉墓，北京的大葆台 1 号汉墓等。1968 年发掘的河北满城汉墓，根据考证，是西汉中山靖王刘胜的陵墓。这是一个开凿在岩石山中的大型洞室墓。在山洞中建筑了瓦顶的木结构和石板房屋。整个墓葬建筑被分为墓道、甬道、南北耳室、中室及后室 6 部分。各室都仿照世间的宫室，形成了一套完整的居住空间。这种墓葬形制上的变化，表现了由仅仅用分隔开的椁室象征居室的早期木椁墓向完全仿制居室建筑的空心砖墓、砖室墓和石室墓过渡的这一大趋势。在洛阳发掘出的西汉卜千秋壁画墓，由墓道、前室、南北耳室、南北侧室和主室 7 部分组成，顶部筑成房脊形，已经逼真地再现了地上宫室的全貌。

在西汉中晚期，厚葬的风气逐渐兴起，砖室墓、石室墓流行开来。这些把人间宫室搬到地下去的丧葬建筑中自然会出现仿效绘制壁画的做法。所以，从西汉晚期开始，在墓室内壁上绘制壁画的壁画墓便出现了。现在已发现的重要壁画墓，有河南省洛阳市烧沟的汉墓，山东省梁山县的东汉壁画墓，河北省望都县 2 号东汉墓，河南省密县打虎亭壁画墓，内蒙古和林格尔东汉壁画墓等。这些墓中壁画的内容包括仙人、神兽、怪异、日月星辰、人世生活景象和历史故事等，其组成与分布情况和汉代画像石墓大体上是相同的。

西汉晚期，随着生产技术的发展，经济水平逐渐上升，而社会上贵族豪强的土地兼并也愈演愈烈。地主阶层积累了大量财富，争相挥霍，使得丧葬方式不断升级。社会上兴起了一股影响极大的厚葬风气。《潜夫论·浮侈篇》说："现在京城里的皇亲贵族和地方郡县里的豪门世家，在老人活着的时候不努力供养，死了后却大办丧事。……修建高大的坟冢，大片地种植松柏，墓地上的房屋祠堂都尽力追求华美奢侈……"使用砖、石筑墓，就是这种厚葬风气的直接产物。而石雕技艺的发展，又使壁画发展为直接在石料上刻出图画的画像石。自西汉晚期至东汉晚期，在中国大地上，广泛采用了画像石墓和画像石祠堂这些丧葬建筑，给后人遗存下了大量的汉代画像石刻。

汉画像石的分布区域相当广阔，就现在已经发现画像石的地点来看，北方可以到河北、北京，西北到陕西北部的榆林地区和甘肃成县，西南到云南昭通，南方到湖北北部，东方到山东牟平一带，东南到浙江海宁。其中比较集中、具有各自独特风格的地区主要有：河南南阳地区，山东以及江苏北部地区，陕西北部地区等。

河南南阳地区在汉代是一个经济发达的重要地区。西汉时南阳便是五大都市之一。东汉的创始人汉光武帝刘秀又是南阳人，他的主要将领、官员们大多来自南阳，使得南阳成为汉代豪门大族的聚居地。这里的画像石墓自然也蔚为大观了。

南阳画像石主要来自墓中的石构件上，其题材和内容十分丰富，其中最常见的是表现现实社会生活的图画，如出行的车马队伍、射猎场面、宴会乐舞、杂技角抵以及房屋亭院等。南阳画像石还有一个特点就是表现天文星相的画面比较多。如日、月、北斗、彗星、苍龙星座、白虎星座等，有些天象画面可能还象征着一些特定的时间岁月。

从艺术特色上看，南阳汉画像石的技法比较粗放，画面布局疏朗，主题突出，没有过多的装饰与点缀，显得简洁明快。这可能与它采用的石质较坚硬有些关系。刻法上采用减地浅浮雕较多，底子上往往不细加工，留有横斜纹的剔地线条，成为南阳画像石的一大特点。

在现存的汉画像石中，南阳地区占有相当大的比例，近年在南阳市修建了规模较大的汉画像石博物馆，收藏的汉画像石达 1200 件以上。

山东省是汉画像石分布比较普遍的地区，有 60 多个县发现过画像石。与这个地区相邻的江苏省徐州、新海连地区，也有大量画像石出土，徐州市内收藏的就有 300 多件。山东省出土的汉画像石与徐州等地出土的汉画像石在雕刻风格、题材内容、布局等方面都相当一致，人们把它们划分为一个地区来研究。这个地区的画像石非常丰富，内容也极为精彩，在宋代就已经有金石学者注意到了山东嘉祥的武氏祠画像石。

清代以来，有很多中外学者对山东的画像石做了收集与研究的工作，使山东及江苏北部的汉画像石得到了世人的普遍重视。

山东省也是最早出现画像石的地区，这里发现有现在所知最早的西汉昭帝元凤年间的沂水鲍宅山凤凰画像石。这里的画像石来源也十分广泛，有汉画像石墓中出土的，有汉代石阙上雕刻的，特别是汉代石祠（石室）中的画像石，为这一地区所特有。这里的画像石画面宏大，内容丰富，布局充满，往往将一块石面分成许多层，刻画上多种内容。像现存中国历史博物馆的一件山东滕县宏道院出土的汉代画像石刻，上面分为 4 层，最上一层是拜谒东王公的仙界，第 2 层是宴会图和六博图，第 3 层有衔着仙草的凤鸟和怪兽，第 4 层有冶铁图等。整个画面充满了人物和纹饰，几乎令人目不暇接。

在山东和江苏北部出土的汉画像石中，反映当时社会生活的画面为数最多。而最有特色的则要说是描绘历史人物故事的画像石，很多画像组成一套历史故事，有些像后代书籍中的绣像插图。例如著名的山东嘉祥武氏祠画像石中就有黄帝、神农、颛顼、唐尧、虞舜、夏禹、齐桓公、秦始皇等人物，还有专诸刺吴王、老莱子娱亲、曾母投杼、鲁义姑姊、楚昭贞姜等描绘忠孝节义的历史故事。

陕西北部的榆林地区，在东汉时是一个富饶的农牧业生产区，又是边境重镇，这里从商周时期就有了自己独特的文化面貌。这种结合了中原农业文化与草原游牧文化不同风格的独特文化在汉代画像石中也有所表现，形成了陕北画像石端庄厚重、装饰色彩特别强烈的特色。

陕北画像石主要来自墓葬中，以减地平面浅浮雕为主。图像强调外轮廓的造型，类似后来民间剪纸的效果，与其他地区画像石的风格明显不同。陕北画像石的内容中很少见到历史故事，有关神话题材的也不多，绝大部分是反映现实生活和自然景物的画面，着重反映了农牧业的成就。绥德的汉王得元画像石墓中，有刻着大队牛羊和马群的画面，牧人骑着马在放牧，田野中还有各种鸟兽在奔驰飞鸣，显现出富庶的牧场景象。在王得元墓和米脂的汉牛文明墓中，还出土了牛耕图，可以帮助我们了解汉代牛耕的方式，是十分珍贵的资料。陕北汉画像石的另一个特点就是动物图像的种类和数量非常多，有马、牛、羊、猪、鹿、猴、虎、蛇、龟、鹤、雁、鸡、孔雀、松鼠、蟾蜍等几十种。北方斯基泰等游牧民族的艺术品往往以大量动物形象为主，陕北汉画像石可能在这方面受到了他们的影响。

汉画像石的雕刻技法在很多方面来源于绘画，最早出现的阴线雕刻实际上就是把绘画的线条改成刻线，早期画像石上有时还能找到一些残存的彩色，说明这些画像石当时在刻线后还要涂上颜色，和绘制的壁画没有多大区别。现代学者们归纳了各地发现的画像石刻法，将它们主要概括为四大类：阴线刻、凹刻、平面浅浮雕与弧面浅浮雕、高浮雕。阴线刻是在平面上用凹入的线条刻出画面，如果制作墨拓，得到的是黑底白线的图画。凹刻是将人物、纹样等刻得凹下石面一层。平面浅浮雕正相反，是把画面上所绘物体轮廓线以外的部分全部凿去，留下物体的平面外轮廓，然后在轮廓内用细阴线刻绘出细部。弧面浅浮雕与平面浅浮雕的刻法基本相同，只是将物象的平面加工成略呈立体感的凸起弧画。由于它们都是把画面的地子去掉一层，所以也叫减地浅浮雕。高浮雕则是将地子凿去较多的厚度，使物体形象在石面上高高突起，细部也分出凸凹层次，具有强烈的立体感，有些部位甚至可以镂透，达到近似圆雕的效果。这些雕刻技法，已经包括了中国古代石刻中常用的基本技法，说明石刻技艺已经达到了完全成熟的阶段。

汉代画像石的悠久历史与巨大艺术魅力引起人们的极大兴趣，但更重要的是，画像石中用生动的形象再现了汉代社会的风貌，为研究汉代的政治、思想、文化、生产、科学技术等提供了大量宝贵的实物资料。

这些宝贵资料无论哪一类都可以写成一本专书，所以我们只能在这里简单举几个例子介绍一下。

江苏省铜山县洪楼东汉墓中曾经出土一块纺织画像石，它上面完整地表现了汉代纺织的三道工序：调丝、摇纬和织帛。图上画出了汉代的纺织工具：络车、纺车和织机等。这些工具都画得很逼真。像这样的纺织图，在山东和江苏有 8 件出土。有人就是根据它们结合文献记载把汉代的织机作了复原，使我们了解到了汉代纺织技术的发展水平。如果说汉代画像石为古代纺织史研究填补了空白，那是一点也不过分的。

画像石又是了解汉代建筑技术的好助手。就拿桥梁来说吧，中国古代的桥梁建筑无论是结构方式或是外观造型都在世界上处于领先地位。但是要了解汉代的桥梁是什么样子，就只能到画像石上去找。山东省沂南县北寨村出土的一块汉代画像石上刻画了一座宏伟的大桥。它是在河中立起桥柱，柱头上架起横梁，横梁上铺架竖梁木，上面再铺桥面，架扶栏。这种梁柱式桥可能是当时使用较多的建筑桥梁。画面上桥下舟船来往，桥上大队人马穿行，表现了这种桥的牢固、实用。

中国古代的音乐舞蹈曾取得辉煌的成就。汉代在继承前人的基础上，吸收了西域等外来艺术成分，使音乐舞蹈达到了极高的水平，而且在民间广泛普及。汉代画像石上有着大量的器乐演奏和歌舞场面，从中可以真实地反映出当时的音乐舞蹈内容。例如山东省沂南县画像石中有撞钟、击铙、吹排箫、击编磬、抚琴、吹笙、吹笛等画面，河南南阳画像石中有鼓瑟、击编钟、吹埙等图像，汉代流行的七盘舞、建鼓舞、长巾舞等也都能在画像石中看到它们的本来面目。与舞蹈场面在一起出现的还有蹴鞠图。蹴鞠是在战国时期就已流行开的一种球类运动，有人说它是近代足球的前身。从南阳画像石上的蹴鞠图来看，它是一个人玩一个球，可以用身体的各个部分去触球，保持它不落地，同时还加上各种舞蹈动作，这就有些像踢毽子运动了。直到唐宋时期，中国的蹴鞠（踢毬）还保持着这种以个人技巧表演为主的形式。汉画像石上的蹴鞠图，是中国体育史上的重要实物见证。

关于汉代的社会生活场景，汉画像石中有着极为广泛的表现。从官员出行的车马仪仗到饮宴歌舞，从射猎捕鱼到种田收割，从楼台亭阁到田园城市，众多生动的画面为直接观察到汉代社会面貌提供了难得的机会。如河南密县打虎亭 1 号汉墓中出土的宴饮图与庖厨图，就将汉代官僚家庭中的宴会场面逼真地再现出来。宴饮的厅堂上帷幔高挂，几案整齐地排开，主人和来宾坐在席间，愉快地交谈着。侍者们忙着送上饮食，侍奉主人。庖厨中有忙着宰杀牛羊的屠夫，有汲水洗菜的佣人，有在炉灶上忙碌的厨师，还有人在造酒、送菜。类似这样的宴饮庖厨画像石在各地都曾多次被发现，可见吃喝之风在中国是由来已久了。

在画像石中虽然是以图画为主，但也发现过一些文字刻铭，一种是题榜，就是在画中人物的身边刻上他的名字，或者在一幅画面上刻上故事的名称，山东嘉祥武氏祠画像等处就有这种文字；另一种是单独的题记，有些类似墓志铭，记录了墓主的生卒年代和建墓时间，有些是记录墓中画像石的画像内容，例如山东嘉祥县宋山村出土的东汉永寿三年画像石题记，有490 个字，是画像石题记中最长的一篇。它记录的画像石的图画内容及在墓中的分布情况对于研究汉代画像石有重要价值。

## ② 汉碑、摩崖与石阙

魏峨的山东曲阜孔庙中，有一处古朴宁静的所在，廊庑间陈列着一座座历经沧桑、斑驳残泐的古代碑刻，这就是著名的汉魏六朝碑刻陈列室，其中收藏的汉碑尤为著名，共 17 件，按单位收藏量来说，这里要算全国第一。

近两千年来，沧海桑田，能够保存下来的汉碑实在太少了。北魏郦道元的地理名著《水经注》中曾经记录了他当时见到的 100 多座汉碑。北宋洪适作《隶释》，收录了汉碑 115 件。后来有人统计，有明确纪年的东汉碑刻一共有 160 多件，但是今天能见到原石的，连一半也不到了。除曲阜孔庙以外，现存的汉碑主要分布在陕西西安碑林，河南安阳、偃师、南阳，山东泰安、济宁，河北元氏，天津等地。

在气象万千的碑石大阵中，汉碑只是些貌不出众的小个子。它们的高度大多在 2 米以下，还没有后代碑石那种气势威严的雕龙碑额与赑屃（一种神话中的龙子，形状像龟）碑座，只是在长方形的石座上竖立一块长方形石板材，一面（或两面）磨平刻字。碑的顶部有平直、圆形和三角形等几种形状，后来的金石学者们把它们分别称为平首、圆首和圭首。这是汉碑的基本外形，也是中国碑刻几千年来的基本形状。

汉碑有一个特点，就是往往在碑身中凿一个圆孔，叫做穿，有时还在穿的四周刻上几圈晕纹。这可能是保留了碑在下葬中曾作为辘轳架使用的痕迹，晕纹象征绳索或辘轳轴磨出的印痕。

　　说到这里，就要追寻一下碑这种石刻产生的根源了。前面介绍了，直到西汉晚期还没有一种固定形制的石刻出现，即使是最接近碑的麃孝禹刻石，也远不能和具有规整统一形状的东汉碑刻相比。而现存年代较早的东汉永元四年《袁安碑》，由它的残存部分可以看出它原来是一件规整的长方形石材，中部有穿，是典型的标准碑石形制。在麃孝禹刻石到《袁安碑》之间，相距不到百年。碑这种用途广泛、影响深远的石刻类型在这么短的时间内迅速完善定型，其中一定有着特殊的社会文化背景。

　　中国汉代的墓碑与古代墓中下葬用的碑有一定关系，这一点在前面已经介绍了。马衡先生曾说：汉碑上的穿，以及穿周围的晕纹，都是模仿下葬用的辘轳碑座，后来人们在下葬用的碑座上刻字纪念，就逐渐形成了汉碑。这种说法可能有一定道理。但是木碑在先秦时期就已经在使用，为什么到了东汉才刻上字改成石碑？为什么石碑的形状、安放位置都与木碑不一样？这些问题都无法得到解答。实际上，汉碑在东汉大量产生并有了固定形状这个现实是多种原因促成的。最主要的原因可能是：世人标识亲族墓葬的风俗习惯在礼制的发展下逐渐普及，经济发展带来的厚葬之风大为盛行，以及西亚北非等外来文化影响的传入等。

　　根据文献记载，西汉时已经有在墓上立墓表标明墓主的做法，而西汉晚期以来，随着社会财富的增长，土地兼并现象严重，社会上的厚葬之风也越演越烈。汉代考古发掘的成果表明：西汉中晚期以来，砖室墓、石室墓等耗工巨大的考究墓葬大量出现，并且演化成画像石墓这样大量运用石刻装饰的墓葬形式，直接促进了墓碑的产生和运用。特别是西汉中期开通西域交通后，东汉初年又彻底消除了匈奴的威胁，保障了中西交通，使西方文化更快地传入中原。我们前面介绍过的西方石刻艺术自然会随之传来，对汉代社会文化产生一定影响。在这些条件的综合作用下，东汉碑刻便迅速形成了完美的形式。

现在能见到的汉碑中，包括了十分丰富的史料内容，它们的用途也不尽相同。概括起来讲，可以把它们分成记录史事、歌功颂德、法律契约和墓碑等几大类。

山东曲阜孔庙的汉碑中用于记事的碑刻较多，如著名的《乙瑛碑》、《礼器碑》、《史晨碑》等。《乙瑛碑》刻于东汉永兴元年（153 年），全名为《孔庙置守庙百石卒史碑》。从名称中就可以看出它是记载当时鲁国相乙瑛为了给孔庙设置守庙官员而向朝廷申请的经过。碑中记录了当时的往返公文，并且赞颂了乙瑛的功德。它使我们了解到东汉对孔庙的保护情况。《礼器碑》立于东汉永寿二年（156 年），全名《鲁相韩勒造孔庙礼器碑》，记录了修饰孔庙、制作祭祀用的礼器等尊孔活动。在碑侧和碑阴刻写的捐款情况特别有趣，上面刻了 70 个各级官吏和平民的姓名籍贯，以及他们捐钱的数额。看来远在汉代就常有集资活动了。《史晨碑》刻写于建宁元年（168 年）及建宁二年，包括

《鲁相史晨祀孔子奏铭》和《史晨飨孔子庙碑》两面。也是记录有关祭祀孔子活动盛况的。

在河南南阳汉碑亭存放着 11 件汉碑。如 1958 年出土的东汉延熹二年（159 年）《张景造土牛碑》。这是一件很有史料价值的记事碑。碑文记录了南阳官府允许平民张景包修每年春天祭祀时使用的劝农土牛、土人等偶像，用来代替应服的官方劳役。它不仅使我们清楚地了解了汉代春祀、提倡农耕的风习，还是现存的中国实行承包制的最早一例。

歌功颂德的碑石历来都占重要地位。东汉著名的功德碑有现存山东泰安岱庙的《张迁碑》、西安碑林中的《曹全碑》、山东济宁汉碑群的《景君碑》以及金石书中记录的《老子铭》、《楚相孙叔敖碑》等。《张迁碑》立于东汉中平三年（186 年），全名为《汉故谷城长荡阴令张迁表颂》，是张迁的下属官吏韦萌等人为纪念张迁的政绩而集资建造的，碑阴也一一刻出参与立碑的人名和他们所捐的钱数。很多东汉的功德碑都是这样由部下和属民们共同树立的。《曹全碑》全称《郃阳令曹全碑》，刻立于中平二年（185 年），它是在明代万历年间从陕西郃阳出土的，1956 年移到西安碑林中保存。曹全是西汉名臣曹参的后代，曾经任掌管西域事务的戊部司马，率领军队征讨不肯臣服的疏勒王和德，并且将和德俘虏。属吏们立碑为他歌功颂德。但是从碑文中可以看到，曹全也是一个镇压农民起义的刽子手，他对响应黄巾起义的郃阳（今合阳）县民郭家等人"芟夷残进，绝其本根（杀尽逃跑的残余，截断他们的根源)"。可见这些功德，全是为了稳固封建统治立下的，其中不知掩盖着多少劳苦民众的血汗。

在西汉时期的石刻中，已经有了类似地界的契约类石刻。东汉的碑中，也有一些专门用来记录公众契约和法律文书，以让它们起到长远的见证作用。例如1973年在河南偃师出土的《汉侍廷里父老僤买田约束石券》就是一个民间结社的契约。碑文记述了东汉建初二年（77年），由25人组成的侍廷里父老僤，集体出资买了一块田地，供集体使用，并且规定了使用方法，立下公约昭示公众。这个契约对于研究中国古代的村社制度具有很重要的意义。1966年，四川郫县犀浦公社二门桥附近的一座古墓中出土了一件残碑。它被后人改成墓门使用，上面刻了一个门吏的图像，但原有的文字大部分还清晰可见。根据字体风格可以判断为东汉晚期的作品。碑文中记录了各家的田产面积、房屋楼舍情况、奴仆和牲畜的数量等，还一一注明价值，可以说是汉代经济情况的一份具体报表。目前人们对它的性质还有不同看法，有的说是官府登记各家财产的簿书，有人认为是大地主庄园分家时剖析财产的文契。总之，它也是当时的契约文书。看来用石刻记录契约的做法在东汉已经相当普遍。

墓碑是东汉社会上追求厚葬、大肆修建陵墓的新产物，在汉碑中数量最多。北魏郦道元在他的《水经注》一书中记录了很多处当时还可以见到的东汉陵园遗迹，在一般的官员冢墓前都竖立有墓碑。如他记录河南获嘉县的汉桂阳太守赵越墓，"冢北有碑，……碑东又有一碑，碑北有石柱，石牛、羊、虎。"有些皇亲贵族的陵园规模更加宏伟，墓碑等石建筑就更多。他记录山东定陶的汉丁姬墓，有"列郭数周，面开重门，南门内夹道有崩碑二所"。这个陵墓已经遭到大规模的破坏，还能留下残碑，保存得好一点的高官陵墓中留下的碑就更多了。《水经注·睢水》记录河南睢阳的东汉太尉乔玄墓地上还保存着多件碑石。一件是汉朝的儒士英才们共同立石颂扬乔玄德行的，一件是乔玄的故吏司徒崔烈、廷尉吴整等人树立的，还有一件是陇西人赵冯等因为乔玄曾任凉州牧而树立的。这些墓碑实际上与功德碑没有多大区别。乔玄的墓地还有一座祠庙，是曹操为了祭祀他而建立的。据说曹操还是个平民时，曾经得到乔玄的赏识。乔玄说："天下就要大乱了，能安定它的大概就是你吧。"曹操深感乔玄的知遇之恩。当时乔玄和曹操开玩笑说："我死了后，你如果路过我的墓时不拿一只鸡和一斗酒来祭奠我，走过去三步后闹肚子痛可不要怪我。"曹操来到乔玄墓地看视时想起这句话还不禁凄然泪下，特此到庙中祭奠。庙的前面，还有石驼、石马、石虎、石羊和两个石柱。这些可能就是汉代墓葬中地面上常设的石刻形式了。20世纪50年代以来，在北京石景山区发掘的东汉《幽州书佐石阙》和天津武清发掘的东汉《鲜于璜墓碑》等实物材料，都证实了东汉墓葬中基本都设有石祠堂、墓碑、墓阙、神道柱以及石兽等各种石刻，加上东汉曾流行的画像石墓等，可以说：石刻在汉代最多的使用地点就是墓地，墓葬形式的发展，极大地推动了石刻的普及和演变。

现存的东汉墓碑中，《袁安碑》、《孔宙碑》、《孔谦碑》、《李孟初碑》、《尹宙碑》、《鲜于璜碑》等比较有名。《袁安碑》立于东汉永元四年（92 年），全名《汉司徒袁安碑》，它的发现是一件很偶然的事。这块碑石可能最早是在明代万历年间出土的，但后来就不明下落，不知什么时候被人移到河南偃师县城南的辛家村牛王庙中作了供案，铭文面压在下。直到 1929年，牛王庙改为小学校，学生在玩耍时钻到供案下面，这才发现了碑文，使它得见天日。碑中记录了袁安的一生仕历，用篆文书写，书法浑厚古朴，是汉代篆书的典型代表。《孔宙碑》和《孔谦碑》都存放在曲阜孔庙中，分别立于东汉延熹七年（164 年）和永兴二年（154 年），孔宙是孔子十九代孙，曾任泰山都尉。自古至今，人们都十分熟悉"孔融让梨"的故事，孔宙便是孔融的父亲，而孔谦正是孔融的哥哥，孔融就是把梨让给了他。《鲜于璜碑》是近年来发现的最大最完整的墓碑，全名为《汉故雁门太守鲜于君碑》，立于东汉延熹八年（165 年）。这座碑碑身与碑座共高 2.67米，圭首。碑额的两侧刻有青龙、白虎，背面刻有朱雀，是汉碑中较罕见的装饰方式。碑文中记述了鲜于璜的祖先世系和他一生的经历，碑阴中歌颂鲜于璜的功德，是一篇典型的完整墓碑文。

东汉时期，豪门名士的墓碑往往要请著名文人执笔，文词典雅华丽，叙述详尽，但是也往往夸张吹捧，严重失实。当时著名文人蔡邕参加完名士郭林宗的葬礼后，感慨地说："我写的墓碑铭文很多，但只有郭林宗一个人当之无愧啊！"

碑都是将石料开采出来加工而成的，可以竖立在任何地点。东汉的另一大类石刻却是凿刻在岩面上，与山崖共存的，这就是摩崖。

陕西省汉中市北的褒谷口，有一段修建于 2000 年前的穿山隧道，这是世界上最早的能穿行车辆的人工隧道。这就是古代关中与巴蜀间的重要交通线——褒斜道上的石门。由于石门的险要，这里一向被人们看重，在石门附近的峭壁上和石门中，竟密密麻麻地刊刻了自汉代至明清的 45 种摩崖题刻。其中，包括汉刻八品在内的"石门十三品"在书法界广受称颂，成为海内外书法爱好者的收藏珍品。而《汉都君开通褒斜道摩崖》、《石门颂》、《杨淮、杨弼表记》、《李君修阁道记》、《李苞修阁道记》等东汉石门摩崖还是了解石门和褒斜道历史的重要史料，是东汉摩崖的典型代表。如《都君开通褒斜道摩崖》中就记录了汉中太守都君在东汉永平六年（公元 63 年），用了 3 年时间，使用广汉、蜀郡和巴郡的刑徒 2690 人，终于开通褒斜道的经过。并且详细记录了当时的工程量，用工数和耗用的粮食、金钱、材料等，具有很高的史料价值。在石门内外，还有记载北魏时期重新开通褒斜道经过的《石门铭》、《石门铭小记》，记录南宋时在汉中重修著名水利工程山河堰事迹的《山河堰碑》、《修堰碑》、《山河堰赋》等摩崖石刻，统称为"褒斜道石门及其摩崖石刻"。这些石刻都是在山崖上凿平一块长方形的岩面，然后在上面镌刻铭文的。虽然经过了近 2000 年的风雨剥蚀，但大部分文字还清晰可辨。由于它们的重要文物价值，1961 年被国务院公布为首批全国重点文物保护单位。1971 年，由于修建石门水库，又将其中部分重要摩崖开凿下来移至汉中市博物馆保存。

像这样的东汉摩崖，在甘肃、新疆等地也都有所遗存。甘肃省成县西边约 10 公里的天井山下，两峰对峙，夹抱着一潭深水，潭左侧的崖壁上凿出碑形平面，刻写了东汉武都太守李翕命令工官重修天井山通道，便利车旅往来的事迹。这就是刊刻于东汉建宁四年（171 年）的著名摩崖——《西狭颂》。特别引人注目的是在碑文右侧还刻绘了一幅生动的《五瑞图》，图上黄龙腾空飞舞，白鹿引颈长鸣，嘉禾丰美，甘露普降，连理树郁郁葱葱。这是东汉时最为推崇的瑞兆，用来表现天下太平兴旺。碑文书体凝重古朴，图像精美，所以它们的拓片历来受到人们珍爱，被看做汉代石刻中的瑰宝。

而新疆的《刘平国治路颂》与《裴岑纪功碑》则是汉代经营西域的重要见证。刻于东汉永寿四年（158 年）的《汉龟兹将军刘平国治路颂》，至今仍保留在新疆拜城县东北的喀拉克达格山麓岩壁间。它记录了东汉龟兹国的左将军刘平国指挥士兵修筑道路上守卫亭隧的工程经过。马雍曾经考证这些亭隧是为了防御北匈奴向天山以南侵袭的警报系统，说明东汉时这一带边防的守卫措施是很严密的。这件摩崖是就着山石原状随意刻写的，山崖没有凿平，字也大小不一，经过

1800多年的漫长岁月，已经漫漶不清，但是仍显得笔力遒劲，颇具特色；加上它的重要史料价值，所以自清代光绪年间被重新发现后，一直受到重视。《裴岑纪功碑》现在收藏在新疆博物馆中，保存完好，字迹精美，一直以来就是书法界的珍品。而它记录的敦煌太守裴岑率领3000名士兵在永和二年（137年）八月出击北匈奴，杀死呼衍王这一重大史实，又填补了历史空白，更具有重要的意义。这件摩崖原来位于新疆巴里坤县博格达山口，在它附近，还有东汉永元五年（93年）的《任尚碑》和永和五年（140年）的《焕彩沟碑》等东汉石刻，它们都是刻在一块单独的天然石块上，按照石刻的形制分类，应该叫做"碣"。

前面介绍墓碑的时候，我们提到了"阙"。汉代石阙在汉代石刻中也占有重要的地位，它是中国现在还保存在地面上的时代最早的古代建筑物。阙，就是大门。古人又称它为"观"、"象魏"等。汉阙的外形基本上可以分为两种，一种只有主阙，它是由两个相对的阙楼组成。阙的最下面是坚实的石台基，台基上竖立着方柱形的阙身，阙身顶部有石雕的仿木结构阙楼和屋顶。另一种在主阙侧面加有比主阙低矮一些的耳阙（或称子阙）。

追溯起来，阙的原型应该是古代城堡门口两侧的岗楼，所以要高于城墙或院墙，顶部建起亭楼，便于哨兵守卫瞭望。以后逐渐演变成大门外的威仪性建筑，实用的防御功能不大了。《春秋左传·庄公二十一年》记载："郑伯享王于阙西辟"，是春秋时期就有了门阙

的证明。有人根据古文字的形体考证说：商代和西周
的城市建设中就有了阙。汉代是建筑门阙的极盛时期。
在都城、宫殿、官署、庄园、陵墓等地，都可以按照
身份等级修建不同高度的阙。根据文献记载，西汉长
安城未央宫的东阙、北阙，建章宫的凤阙、圆阙等，
都是历史上著名的大阙。凤阙高达二十多丈，巍峨入
云。但这些大阙都是以夯土为主筑成的，所以现在除
凤阙尚有一些夯土残基外，其他都已湮灭。现在保存
下来的最早的阙只是东汉的一些小型石阙，它们大多
依照土木结构的大型门阙外形制作，最高的不过 6 米
左右，主要分布在北京、河南、山东和四川等地，共
29 座。其中四川最多，存 20 座；河南和山东各 4 座；
北京在 20 世纪 60 年代出土了一座。

　　汉阙的重要性在于它保留了汉代建筑的实物资料。
虽然现存汉阙都是石材构筑的，但是汉代工匠们严格
按照当时木结构建筑的外形仿造，每个构件都逼真地
雕刻出来。像四川雅安的《高颐阙》，在阙身上雕出了
木柱、木枋和栌斗等构件，阙楼上雕出了楼面平座木
枋、花窗和挑檐斗拱，顶盖上雕有一根根木椽和瓦饰，
是一件真实的木结构阙楼仿制品。通过它可以认识汉
代木建筑技艺的水平，为研究和复原汉代木建筑提供
了最可靠的依据。

　　汉代石阙还是精美的石刻艺术品，仅从外形上来
看，人们就会为它雄伟浑厚的气势以及华丽的造型所
倾倒。而当你近前细细观摩时，又会被它上面种种精
美的画像而吸引，使你流连忘返，沉浸在美妙的艺术

境界中。

　　由于现存的石阙大多是祠庙和陵墓中的建筑，所以它们上面的雕画也像墓中画像石一样，主要包括神话传说、历史故事以及描写墓主在人世间的生活场景等内容。例如四川重庆盘溪汉阙上的伏羲、女娲，四川芦山樊敏阙上的神山，四川渠县沈氏阙上的蟾蜍、玉兔、灵芝仙药，河南登封县少室阙上的羽人、龙虎、月宫图，四川渠县蒲家湾汉阙上的董永侍父图，渠县王家坪汉阙上的荆轲刺秦王图，四川雅安县高颐阙上的出行图，河南登封县太室、少室阙上的马戏、倒立，四川绵阳杨氏阙上的献礼图等。至于象、虎、鸟、兔等动物，力士、朱雀、玄武等形象，在大多数阙身上都能见到。这些画像多采用浅浮雕加线刻的技法，强调神似，用古朴粗犷的形象造成雄浑有力的生动气韵。虽然由于年代久远，多有残损剥蚀，但仍然无损于它们在汉代美术史上的重要地位。

　　汉代石阙的阙身上大多刻写有铭文，有些比较简单，只是一个阙主的名称，如四川德阳的汉故上庸长司马孟台阙；有些就是一篇长篇铭颂，如河南登封的中岳太室阙铭，现在可辨识的有 66 个字，推算原文在 300 字左右。有的阙身上，还有后人利用来刻写的铭文，如河南登封县启母阙上除了立阙时的刻铭外，还有东汉末年的堂谿典崇高庙请雨铭，它和立阙本身毫不相干。这和四川的一些汉阙上被后人刻上了佛教图像一样，只是图个方便而已。

　　汉阙在今天受到了高度重视和大力保护。1961 年，国家就将河南登封县的太室、少室、启母三阙，山东济宁市的嘉祥武氏石阙，四川渠县的冯焕阙、沈府君阙，四川绵阳县的平阳府君阙，四川雅安县的高颐阙等确定为全国重点文物保护单位。1988 年，又将四川芦山县樊敏阙及附近的汉石刻公布为第二批全国重点文物保护单位。

一些汉阙的铭文中提到了"神道"，如《隶释》中记录的"故上庸长司马君孟台神道"，原阙现存四川德阳。铭文中所说的神道，实际上只是指用阙来标志墓前的大道——神道。与神道能连得上的应该是另一种汉代石刻——神道柱。

神道柱是汉代陵墓中的组成部分，在《水经注》记述的汉代墓地遗迹中常提到的石柱，那就是神道柱了。人们用它来标明直通坟墓的神道。1964 年，在北京西郊八宝山附近发现了汉幽州书佐秦君石阙和石柱。其中两件石柱，全身刻有直棱纹，上部有一个长方形的版额，额上刻着"汉故幽州书佐秦君之神道"等隶书字样，额下刻有两只小石虎，托着版额，另有单独的石柱础承负石柱。这就是一套完整的汉代神道柱标本。神道柱在南朝时期发展到顶峰，我们将在那一部分里详细介绍它的由来。

东汉的另外一些文字刻铭来自石雕人物和动物。这些雕塑大部分都是树立在陵墓前的仪仗石刻。在东汉一些地方豪强和地方官员的陵园中，常安放有石人、石兽，筑起石阙、神道柱。如四川芦山县樊敏阙旁有一对石辟邪，山东嘉祥县武氏祠墓前有石狮，河南南阳县宗资墓前有石辟邪和石天禄。辟邪和天禄都是汉代至南朝时流行的神兽形象，天禄有一只角，辟邪没有角，身形像狮豹，带有飞翼。宗资墓前的这两个神兽身上都刻有铭文，一个是"辟邪"，一个是"天禄"，帮助人们正确地识别了它们。山东曲阜孔庙中有一对东汉的石人，身上刻有"汉故乐安太守廉君亭长"、"府门之卒"的字样。类似这样的汉代石人石兽各地还有一些零星遗存，但可惜的是，由于历代保护不够，这些石人石兽大多残损得很厉害，上面是否有题铭也看不出来了。

东汉的碑、摩崖、题铭等石刻文字历来受到人们的珍视，从宋代起就有大量拓本在世上流传。追寻其原因，除了它内容中的丰富史料外，人们对其独特的汉隶书法的喜爱是最主要的原因。

汉碑中的书体可以说是隶书的正宗，历代文人学写隶书都要临摹汉碑的拓本。《乙瑛碑》的生动潇洒，《礼器碑》的刚劲有力，《史晨碑》的俊逸遒健，《曹全碑》的飘动秀美……代表了汉隶的不同流派，给人以极大的艺术享受，是书法爱好者不可缺少的范本。罗振玉在1920年曾公开出售所藏拓本，其中一件宋拓东汉王稚子阙铭竟标价1200元大洋。汉碑的珍贵也就可见一斑了。

### 💠 巍巍石经

东汉末年，连年灾荒和军阀豪强的争斗厮杀把社会推向了毁灭的边缘，"出门无所见，白骨蔽平原"就是当时的生动写照。东汉灵帝是造成这种政治危机的昏君。三国时期的诸葛亮还在他著名的《出师表》中"叹息痛恨于桓、灵"。但是这位昏君也还做过一件有益于学术的好事。那就是他下诏命令刻制了现存时代最早的官定经典石刻——熹平石经，也叫汉石经。

在文献中记载着，中国最早的石经是西汉平帝时王莽让甄丰摹刻的。但是从来没有发现过有关实物，这件事是否确实有过也就无从证明了。所以，现存最早的石刻儒家经典还得说是熹平石经。根据《后汉书·灵帝纪》、《蔡邕列传》、《卢植列传》和《宦者列传》等有关记载，东汉著名学者蔡邕由于当时社会上流传的经典中文字错谬很多，给学人造成贻误，就和五官中郎将堂谿典、光禄大夫杨赐、谏议大夫马日磾等人一起上奏，请求审定六经文字。汉灵帝当即批准。从熹平四年开始，由蔡邕亲自主持审定和书写，将《诗经》、《尚书》、《易经》、《仪礼》、《春秋左传》、《公羊传》及《论语》刻成碑石，树立在东汉都城洛阳的城南太学门外。

汉石经的雕刻工程，是中国古代石刻历史上的一件大事，也是最早的一次大规模石刻工程。根据杨龙骧《洛阳记》一书中的记载，汉石经一共刻制了46座碑。这些经碑全部按顺序排列在洛阳城南的太学讲堂前。讲堂长十丈、宽二丈，是当时规模极为宏伟的大型建筑。20世纪50年代以来，在洛阳汉魏故城进行的考古发掘中，曾经清理了东汉的辟雍遗址，弄清了它

石刻史话

64

的全部结构，同时探查了洛阳太学遗址。现在尚存的主要太学遗址有两部分，一部分在辟雍的北面，是东西约 200 米，南北约 100 米的建筑遗迹，这附近曾经发现过石经碎片，大概就是东汉的讲堂所在了。《后汉书·儒林传》的注中引用谢承《后汉书》的记载说：石经树立后，在上面建了瓦屋遮盖它，四面设有栏杆，由河南郡官府派吏卒看管。可见当时对石经的保护还是很认真的。

石经树立起来后，引起学人士子们的普遍关注，他们都到这里来校对自己抄录的经书。当时来到太学门前运送抄写校勘经书人们的车辆，一天有一千多辆，把附近的大街都堵满了。

汉代石经虽然有过这么辉煌的历史，但也只是昙花一现。儒家经典一向是为维系统一稳固的皇权政治而服务的，随着东汉皇朝的倾覆，汉石经的命运也就不那么美妙了。宋人郑樵《通志》中说：石经在东汉末年的战乱中被火烧毁了。清代《金石萃编》中引用了另外两种不同的说法，于慎行《笔尘》中说：洛阳石经在晋朝还保存完好，到了北魏时，被前后两任洛州刺史冯熙、常夫拆去修建佛寺，大部分都毁坏了。而方勺的《泊宅编》中说：北齐时把汉石经迁到邺城，运到黄河边上，遇到河岸崩塌，大半碑石被埋入河中。隋代开皇年间，又从邺城把剩余的石经运入长安，但不久隋朝便灭亡了，这些石经也废弃不存。方勺的这种说法，来源于《隋书·经籍志》和《隋书·刘焯传》，其中有一点出入，就是北周大象元年，先将残存的石经从邺城运到洛阳，隋开皇六年时再将它们运往长安。唐初，魏徵曾收集过残余的石经碑石。可见这种说法有一定的历史根据。

近年来，有人看到洛阳太学遗址出土石经碎片的情况，就断言汉石经在汉末战乱后被盖屋的人相中，砸碎作了建筑材料。这种说法有些片面。在中国社会科学院考古研究所洛阳工作队的发掘中，确实从北魏以前的地层中发现了一些汉石经的碎片。尤其是1980年在洛阳太学村西北的一次发掘中，共出土残碎石经661块，其中有96块上有文字。经查对，它们属于《鲁诗》、《仪礼》、《论语》、《春秋》等几部经书。但是，这只能证明汉石经在北魏前就已经遭到了破坏，并不能证明汉石经在东汉末被全部毁坏。事实上，汉石经确曾在东汉末年受到了部分破坏，所以《三国志·魏书·王肃传》的注中记载：黄初以后，"补旧石经之缺坏"。就是修补残毁了的汉石经。由此看来，说汉石经的残存部分在北魏时还存在，并在北齐、北周、隋代被转运到邺城、长安等处的说法是比较可信的。

由于多次搬迁，丢失损坏，再加上战乱的残毁。汉石经到唐代就已经没有一件完整的了。但是从唐宋时起，汉石经的残块便不断出土。宋代的《广川书跋》中说："唐造防秋馆时，穿地多得石经。""国初（宋代初年）开地唐御史府，得石经十余石"。宋代洪适《隶释》一书中，就收录了当时见到的汉石经残石。以后历代陆续有些汉石经残石出土，最多的上面有几百个字，少的只有一两个字。今天人们要了解汉石经的原貌，只能依靠这些残石了。

从汉石经残石看来，它的碑面上没有画线的界格，但是文字规整，行距均匀，全部用隶书竖行书写。现代学者们根据经文的内容，把有关的残块拼合起来，空缺的地方便根据碑上文字的尺寸估定行数、字数，这样推算出每块碑上的总字数、所有的碑数以及各碑之间的顺序关系。从现存残石中发现，当时的各个碑大小并不统一，各碑的行数、字数也不相同，但它们之间的差异不是很大。王国维曾经考证，每座碑上刻有碑文 35 行左右，每行约 75 个字，碑的两面共刻经 5250 字左右。碑文每 10 个字约相当于汉"建初尺"一尺。碑的下面有碑座，整座碑高一丈左右，宽四尺，用现代量度衡量，大约高 3 米，宽 1 米多。

说起汉石经，就不能不连带提到在它落成后 70 多年时刻制的又一种石经——三国时曹魏刻制的"正始石经"，也叫魏石经。

经过多年战乱后，曹魏平定了北方，形成较安定的社会局面，自然就把恢复教化的事提到日程上来。魏文帝黄初元年，又在洛阳恢复了太学。这时修复的太学仍然在东汉太学的旧址，所以《三国志·魏书·王肃传》注中记录的当时修补汉石经碑石的工程，就是和修复太学同时进行的。到了正始二年，魏国又新刻了一批石经，也树立在太学讲堂的西侧。这次刻写的经典有《尚书》和《春秋》两种，可能是汉石经中这两种经典损坏得最严重，所以加以补充。

魏石经有一个明显的特点，就是它的每个经文都用三种字体重复刻写。这三种字体是古文、小篆和隶书。排列方式有两种，一种是古文在上，小篆居中，隶书在下的一字竖排，后人叫它"一字式"；另一种是古文在上，小篆和隶书并排写在下面的品字形排列，后人叫做"品字式"。因此，人们又把魏石经叫做"三体石经"。

魏石经的遭遇和汉石经相同，除在洛阳遭到破坏外，还曾经被运到邺城和长安，最后全部被毁。1957年，西安市曾经出土了一块三体石经的《尚书》残石，说明它确实曾被运到长安来过。1922年，在洛阳的汉魏太学遗址曾出土一块最大的三体石经残石，正面刻了《尚书》的《无逸》和《君奭》两篇部分内容，背面是《春秋》僖公、文公年间的左氏传文，共有1800多字。除去这两件残石以外，近代以来在洛阳、西安等地还出土了一些魏石经的残块，学者们便是依据这些残石推测出魏石经的总数、每件碑的刻法和排列顺序等有关情况的。

原故宫博物院院长马衡对汉魏石经做过大量的收集研究工作。他推断魏石经一共刻了28座碑石。碑石都制成平顶的长方形，每个碑刻写的字数、行数都不一样，大致在每行60字，每面33行左右。这样，每座碑大约可以刻写经文4000字。这些推断已经被越来越多的出土残石所证实。

汉魏石经的刻制，不仅在统一经典文字内容、保存儒家文献上起了巨大作用，而且在中国历史上开创了用大型石刻来保存历史文献的独特方式。以后的历朝历代，大多进行过刻写经典的工程，刻写的传统甚至影响到宗教及民间风俗，佛教徒用石刻保存佛经，道教徒用石刻传播道经，一些民间常用的字书、文章也用石刻保存下来，从而对印刷术的发明起到了促进作用。可以想象，石经刻成后，就有了在碑石上进行摹写和捶拓的活动。《旧唐书·经籍志》里就记载有当时流传的汉魏石经拓本，如："今字石经（即汉石经）尚书五卷"、"三字石经（即魏石经）左传古篆书十三卷"等。这些将石经拓本装裱成的书卷，正是印刷品的前身。人们由此受到启发，想出将文献著作刻在木板上，通过捶拓印制书籍的方法，由此促进了雕版印刷的产生。石经的产生，为在世界文明进展中具有划时代意义的印刷术发明的产生作出了重大贡献。

当我们站在汉魏太学遗址的旷野之中，在脑海里描绘出数十座石经丰碑森然耸立的情景时，那该是一幅多么壮观的景象啊。一座座碑石履地擎天，承托着中国文化的脊梁。这巍巍石经虽然已经残毁，但它的功绩却永不磨灭，世代辉煌。

# 四 异彩纷呈
## ——魏晋南北朝的石刻风貌

### 魏晋的石刻低潮

东汉是中国石刻发展史上的第一个高潮时期。当时的石刻在石料的外形加工、雕刻和书写技艺、铭文内容以及应用范围等方面都极大地超越了秦代和西汉时期，形成了一种成熟的全新局面。特别是随着使用范围的确定，有了相应的铭文体例，形成了各种类型的特有形制，使石刻成了一个门类多样的大家族。从此以后，石刻就以丰富多样的形式，包罗万象的内容，日复一日、层出不穷地在古老的中国大地上被创造出来，形成了一个数以万计的石刻宝库。魏晋的石刻低潮以后，南北朝时期又产生了继承汉代遗绪的一个石刻高峰。

东汉末年到三国时代的早期，战争频仍，民生凋敝，社会经济文化都遭到极大破坏，因此魏晋时期的石刻比较少见。据史书记载，魏武帝曾下令禁止立碑，也是保护民生的做法。

历代传留下来的三国石刻十分罕见，金石书籍中也很少著录。近代以来除去魏三体石经残石外，尚未发现过这一时期的新石刻材料。现知的魏国石刻除三体石经外，比较著名的有：黄初元年（220 年）《魏封宗圣侯孔羡碑》，现在保存在山东曲阜孔庙。碑中记录了魏国把孔子的二十一代孙孔羡封为宗圣侯，让他管理孔庙祭祀的事。有人认为它是曹植撰文、梁鹄书丹的，但是没有确实证据。碑文的隶书苍劲有力，深受后人推崇。黄初元年《公卿将军上尊号奏》是魏国百官由相国华歆为首上书朝廷，请曹丕即帝位的劝进文。《受禅表》是曹丕称帝后向全国发布的即位公告。这两件石刻都是曹魏取代汉室的政变见证。碑石在河南许昌，但文字已有残泐。褒斜道石门的摩崖《李苞开通阁道记》记录了景元四年（263 年）荡寇将军浮亭侯李苞修褒斜道的事件，但由于山石崩塌而毁坏，现仅有残字 16 个，现存汉中市博物馆。此外见诸记录的还有《范式碑》、《曹真残碑》、《王君残碑》、《胶东令王君庙门碑》等。可见在魏国虽然不提倡立碑，但以歌功颂德为主的碑刻还是始终存在的。最有趣的是清乾隆年间在洛阳出土的魏景元二年（261 年）王基残碑，只有中间一段有刻成的字。据记载它出土时上、下两截都留有用朱砂书写的碑文，看来是在刻碑时没有刻完便出了什么变故，所以上下都没有刻字。通过它，可以了解古代刻碑的全部工艺。可惜的是朱笔写的字在出土后不久便被抹掉了。

割据江南的吴国留下的石刻也很少。现存的几件

71

能确定为吴国石刻的遗物中，有凤凰元年（272年）立石的《九真太守谷朗碑》。这是一件墓碑，由青石制成，高1.76米，现在还保存在湖南省耒阳县蔡侯祠中。谷朗在吴建衡三年（271年）被任命为九真太守，九真郡在今越南顺化以北地区。由于谷朗是耒阳人，死后遂归葬家乡。这个碑对古代史地多有裨益，而它的书体在隶书中包含了很多楷书意味，没有波磔，很受书法史专家的注意。原在江苏句容县的吴《葛府君碑额》，仅有楷书12字，却是现在能见到的最早的楷书石刻，受到世人重视。吴天玺元年（276年）刻成的《天发神谶碑》最为著名，它是吴国□武中郎将发愿刻写的，可能是当时发现了某种有文字的瑞兆，没有人能全部释读出来，便将它刻写成碑，请大家辨识。《三国志·吴书》曾记载，这一年鄱阳报告，有石头上的纹理组成20个字："楚九州渚，吴九州都，扬州士，作天子，四世治，太平始。"吴国就又改年号天纪，以便与这种传说相符。但是没想到过了4年，吴国便被晋军攻入，"一片降幡出石头"。其实，越是神鬼符兆出现，越是国运衰微、政治败坏，古往今来不止一例。这个碑是风格特异的篆书珍品，书体承继了在东汉《袁安碑》中已经出现的艺术化篆书风格，篆体中有隶意，又加以变化，形成一种新的书法风格，对两晋南北朝的碑额和志盖书体起过一定影响。碑石原在江苏省江宁县，已经在清嘉庆十八年（1813年）毁于火灾。在此之前，碑石已经断成三截，文字残损很多，所以又叫它三段碑、三击碑等。扬州、北京等地都有它的重刻本。另外还有两种圆锥形的碣。一种是吴天玺元年国山刻石，原在江苏宜兴，因为它的形状像一个米囤，当地人叫它"囤碑"。《三国志·吴书》记载：天玺元年派兼司徒董朝、兼太常周处到阳羡县封禅国山。这件刻石就是当时立的，可惜因为历代损坏，剩下的文字不多了。另一种是《两浙金石志》中记录的吴国末年立的禹陵窆石。

三国之中，蜀国最小，国力较弱，而且诸葛亮不忘恢复中原，一向提倡俭朴，重农强兵。耗费财力的石刻在蜀中不可能得到发展。现在传说的蜀刻石全是伪刻。例如发现较早的《侍中杨公阙》，前人已经考证出它是赝品。在历代的金石著录中都没有一件确切的蜀国石刻，尤其是清代刘燕庭作《三巴耆古志》时，到处搜访，收录四川的历代石刻最为详尽，但是他也没有寻访到一件蜀国的石刻，足以证明蜀国当时极少制作石刻。当然，像诸葛亮这样的贤相没有碑记颂扬会让不少人感到遗憾，于是就有人伪造了《丞相诸葛令碑》之类的石刻，这恐怕和有人把《曹真碑》上"蜀贼诸葛亮"字样中的"贼"字凿掉一样，这是出于一种崇敬的心理。但这种伪造或损毁文物的风气却实在不可取。

晋朝取代魏国，统一了全国后，仍然禁止树立碑表。晋武帝咸宁四年曾公布诏令，说："此石兽碑表，既私褒美，兴长虚伪，伤财害人，莫大于此，一禁断之。其犯者虽会赦令，皆当毁坏"。可见晋武帝禁碑的决心之大。到了东晋元帝太兴元年，官员们上奏：故骠骑府主簿为他们的旧长官顾荣办丧事，请求为其立碑。晋元帝下诏特准。这样一来，禁止立碑的法令便逐渐不起作用了，人们都偷偷立碑。到了晋安帝义熙年间，尚书祠部郎中裴松之又提议禁碑，这才刹了一下立碑的风气，但不久后东晋也寿终正寝了。

留传至今的晋代石刻较少，说明晋代的禁碑措施起了一些作用。传世的主要晋碑有以下几种：

现存北京故宫博物院的《明威将军南乡太守郛休碑》，立于西晋泰始六年（270 年），清道光十九年（1839 年）在山东省掖县出土，由于它的书体在隶法中包含着较多的楷意，和《谷朗碑》相似，所以出土后便受到书法界的重视。保存在山东省泰安市岱庙的泰始八年（272 年）《任城太守孙夫人碑》，是清乾隆五十八年（1793 年）被发现的，它的书体瘦硬刚劲。唐代大书法家欧阳询在他的作品《房彦谦碑》中便显示出《任城太守孙夫人碑》一派书体的影响。

河南汲县（今卫辉市）在晋代曾经有过一次极重要的文物出土事件。太康二年，有人盗掘了县境内的一座大冢，这座墓有人说是战国时魏襄王的墓，也有人说是魏安釐王的墓，从里面清理出几十车的竹简文书。晋武帝曾经让地方官把它收集起来交给秘书省整理，编纂成《竹书纪年》、《易经》、《国语》、《穆天子传》等 75 篇。这就是著名的汲冢竹书。此后不久，在汲县立的一块碑石记载了这件事，并引用竹书里面

《周志》的记载纪念生在这里的周代齐太公吕望（姜尚）。这就是著名的晋太康十年《齐太公吕望表》，由齐太公的后裔范阳人卢无忌树立。

前面介绍过洛阳的太学遗址。1931年，在这里出土了一件巨大的碑石，其完好程度实为罕见，后来一直保存在河南偃师县东大郊村。它全名为《大晋龙兴皇帝三临辟雍皇太子又再莅之盛德隆熙之颂》，设立于晋咸宁四年（278年）。这件碑用一整块石料刻成，插置在覆斗形的碑座上，全高3.22米，碑首两侧刻有蟠龙，碑身上用八分体隶书书写了1500多字的长篇碑文。文中介绍了晋武帝司马炎和皇太子司马衷亲临辟雍视察的情况，并且追述了司马氏的建业历史，记录了晋武帝兴办太学、注重教育的种种措施，特别是在碑阴刻写了400多名学官、博士、礼生、弟子的姓名籍贯，这些人竟来自15个州、70多个县，加深了人们对西晋初年的教育状况的认识，是重要的历史资料。通过它，我们也能看到晋代石碑的标准式样。

中原地区先进的文化对边远各地产生了巨大的影响。中原地区的汉人也曾向四方迁徙，给各地传播汉族文物制度，教授汉字，使得边远地区也留存下了珍贵的古代汉字石刻。云南地区远在东汉时就有摩崖题记出现。竖立于东晋大亨四年（405年）的《振威将军建宁太守爨宝子碑》就是这种文化交流的重要见证。这件碑于清乾隆四十三年（1778年）在云南省曲靖县杨旗田出土，碑高1.9米，碑首半圆形，有碑文400字。爨氏是"南中大姓"之一，原来是楚国令尹子文

的后裔，三国时迁到四川，又从四川进入云南。建宁、
晋宁两郡就是爨氏管辖的中心地区。这件碑的书体独
特，处于隶书向楷书变化的中间阶段，是中国书法变
化的重要实物例证。它现在存放在曲靖县中学内，是
全国重点文物保护单位。

在祖国的北方边陲，有一件相当于东晋时期的珍贵石
刻文物——现存吉林省集安县的高句丽《好太王碑》。

高句丽是自公元前 37 年至公元 668 年间在北方建
立的一个小国。它的第十九代王名叫谈德，在公元 391
年即位，曾经领兵攻打附近的百济、扶余、碑丽等小
国，并击败倭寇的进犯，开拓了自己的领土，称雄于
鸭绿江两岸及汉水以北地区，死后被谥为"国岗上广
开土境平安好太王"。他的陵墓是一座大型阶坛积石
墓，位于吉林省集安县县城东的大碑街。《好太王碑》
就是他的儿子长寿王在 414 年为他树立的墓碑。

这座碑是用一块巨型天然方柱体岩石制成，只稍
微做了一些修琢，基本保持原状。底部有花岗岩巨石
作为底座。碑高 6.39 米，重约 37 吨，在历史上也算
是数得上的大型碑刻了。碑身四面刻写铭文，总计约
1775 个字。每个字约 15 厘米见方，用隶书书写，书
体端庄凝重。碑文中记述了高句丽建国的神话传说和
王位传袭情况，记载了好太王的生平事迹，特别叙述
了好太王南征北战的功业，最后对守护陵墓的"烟
户"之来源、数目及有关规定作了说明。而这些记载
大多都不见诸文献记录，是补充高句丽国史的珍贵材
料，不仅受到东方各国学者的重视，连欧洲的个别学

者也不远万里前来考察，撰写研究文章。而野心勃勃的日本军国主义者，在1883年得到《好太王碑》的拓本后，就歪曲碑文内容，说碑文证明日本曾统治过朝鲜半岛的百济、新罗等国，给他们侵略朝鲜的行径找借口。这种做法已经遭到各国学者的批判，并被科学研究所更正。但是围绕《好太王碑》研究持续了几十年的讨论，正说明了它的重要性。像这样影响到现代政治外交的古代石刻还很多，都是字字金石，字字千钧。

由于清代把长白山一带划为禁区，所以《好太王碑》一直到光绪初年（1875年前后）开拓边疆，设立县治时才被当时怀仁县设治委员章樾的吏员关月山发现。从那以后，县里就设了专人看管它。1927年，当地人还募捐修建了碑亭。新中国成立后，将《好太王碑》确定为国家重点文物保护单位。1965年对它进行化学封护，1982年又修建了新的大型碑亭和围墙，使这一重要文物得到更好的保护。

除以上重要碑刻外，还有《陈君残碑》、《胡奋升定襄南山颂摩崖》等晋刻。1952年西安西大街修建下水道时发现了一块残碎的晋《司马芳碑》，现存陕西省博物馆内。

## 2 南朝石刻瑰宝

"指点六朝形胜地，惟有青山如壁。"自晋室南渡以后，江南经济迅速开发，石头城成了南方的政治文化中心。南朝世代轮替，给这江南胜地留下了多少繁华旧梦。虽然随着岁月风雨，物换人非，但南朝各代留下的文物遗迹却还能显示出当时的盛景，尤其是在南京、丹阳一带留存下来的南朝陵墓石刻，更是令人叹为观止的艺术瑰宝，标志着南朝石刻的辉煌成就。

南朝陵墓石刻，是宋、齐、梁、陈各代帝王公侯们陵园中树立的大型纪念石刻，包括神道碑、神道柱、神兽等，主要分布在南京、丹阳、句容、江宁等地，现在可以见到的地面遗迹有 31 处，共有石刻近百件。

南京地区的南朝石刻主要是宋、梁、陈三朝的帝王陵墓石刻。这些石刻当年是排列在墓前神道两侧的。由于保存状况不同，各处陵墓留下来的石刻数量不一。其中保存比较完整的是现在南京甘家巷的梁安成康王萧秀墓前石刻，全组共 8 件，分左右相对排列，包括石辟邪 1 对、石柱 1 对（其中 1 件仅存基座）、石碑 4 件（其中 1 件仅存龟趺）。现在仙鹤门的梁临川靖惠王萧宏墓，存有 1 件辟邪、2 件石柱、2 件石碑。甘家巷的梁始兴忠武王萧憺墓存有 2 件辟邪、1 件石碑、2 个碑座。其他的陵墓，包括宋武帝刘裕初宁陵、陈文帝陈蒨永宁陵等，大多只存有 1 对神兽或 1 对石柱。

句容县内有梁南康简王萧绩墓，保存了 2 件辟邪和 2 件石柱。

丹阳是齐朝开国皇帝萧道成和梁武帝萧衍的故乡，所以齐、梁的帝陵都在丹阳境内，分布在萧梁河沿岸从陵口至水经山的 16 公里内。现存的陵前石刻共有 11 处，包括神道柱和神兽等。其中最雄伟的是萧港两岸

78

对峙的陵口二神兽。这是齐陵墓群的入口标志。丹阳有齐宣帝萧承之的永安陵、齐武帝萧赜的景安陵、齐景帝萧道成的修安陵、齐明帝萧鸾的兴安陵、梁文帝萧顺之的建陵、梁武帝萧衍的修陵、梁简文帝萧纲的庄陵以及 3 座无名大墓，这些陵区基本上都遗存有天禄、麒麟、辟邪等石兽。

南朝的这些陵墓石刻，形体巨大，造型优美，雕刻十分精致，充分显示了南方石刻技艺的高超水平。丹阳的陵口石天禄，虽然四足和头上的双角都有残损，但仍高达 3.6 米，身长 4 米，威风凛凛。南京萧秀墓前的石辟邪，体形庞大，张口垂舌，头颈短粗，表现出一种雄浑有力的气势。身上刻出兽毛纹饰，浮雕左右双翼，似欲乘风腾起。雕刻的技法十分精湛、娴熟。萧宏墓前的石辟邪双翼圆转、长尾拖及地面，体态粗壮，肌肉丰满，强劲有力的肢爪紧扣大地，一副矫悍凶猛的神态，称得上是南京地区陵墓石刻中的上乘佳品。南京陈文帝永宁陵的 1 对天禄麒麟最具特色，它们曲颈昂首，身躯修长，全身刻有卷云纹，肩部有飞翼。远远望去，那充满动感，极富流线形的体姿就像正要跃起的雄狮。丹阳诸石刻中以齐景帝萧道生修安陵前的天禄麒麟保存最好。它们也是身刻羽翼，胸肌高耸，修腰弓起，昂首远视。有趣的是，天禄左足在前，麒麟右足在前，足下都踏着 1 只小神兽，既稳定了造型，又增添了生趣。这种造型方式，一直到近代的石狮雕刻中还在采用。

天禄、麒麟和辟邪都是古代传说中的神兽。大约

四　异彩纷呈——魏晋南北朝的石刻风貌

79

在汉代已经有了它们的石刻。根据石刻上的刻铭和传说，一般把头上有两只角的叫麒麟，一只角的叫天禄，而把头上没有角的叫做辟邪。这些有翼的神兽形象在商周时期的文物中从未发现过，而中亚地区的亚述帝国、波斯帝国遗址中都出土有与此相近似的有翼雄狮浮雕。所以这些神兽造型也有可能是从西方流传过来的。

南朝陵墓的神道石柱也具有极为精美的艺术特色，比起东汉的神道柱来既大气又华丽。以南京梁吴平忠侯萧景墓前的 1 件神道柱为例，它高达 6.5 米，分为柱础、柱身、柱额和柱顶 4 个部分。柱础又分为两层，下层是正方体底座，上层是刻有两条螭龙的圆形鼓盘，柱身用榫卯固定入柱础内。柱身也分两段，下段是向内凹进的直棱纹，上段是外凸的细圆柱纹，中间刻有粗绳纹。柱额位于柱身上段，是长方形的石板，上面刻有楷书"梁故侍中抚将军开府仪同三司吴平忠侯萧公之神道"。额下浮雕了力士像。柱顶是一个覆莲状的圆华盖，上置一尊小辟邪。整个造型巍峨华美，刻工精细。

神道柱的外表纹饰一直引起人们的极大兴趣。过去的研究者都认为它是模仿希腊式建筑中的瓜棱形圆柱，这样的石柱在雅典神庙等古代遗址中随处可见。从而把它看做一种中西文化交流的证据。但是近来有的学者提出神道柱的纹饰是模仿中国古代用竹、木制作的"柏历"外形，与希腊圆柱不相干。柏历是用细木棍捆成的圆柱，外面再捆一层破开的竹竿。神道柱下部的直棱，正是这些竹竿的外形，上部的细圆柱纹，是细木棍的外形。拦腰的粗绳纹也是柏历上捆缚用绳的再现。柏历是古代丧葬时使用的陈设仪仗品，类似后代为丧事专搭的牌楼，也叫"凶门柏历"这一用途更与神道柱相近。所以这种看法是有一定道理的。

南朝陵墓石刻中有现在保存最好，形制也最大的南朝碑。如南京甘家巷的梁始兴郡王萧憺墓碑。这件碑下有龟形趺座，圆首，上面浮雕缠绕着的螭龙，全高5.16米。碑文楷书2800余字，是当时书法家贝义渊书写，笔体爽朗圆润，是南朝书法中的精品。为了保护这件碑刻，1956年人们为它专门修造了一座碑亭。

在南朝帝王墓碑中，开始普遍使用龟形的石座，考古学家习惯叫它做龟趺。萧宏墓碑便矗立在石龟背上。巨大的龟身伏卧地上，头颈高昂，双目凸出，很像刚从水中浮起。使用这种龟趺，表示墓主的崇高身份。到了唐代，还曾规定，只有五品以上的官员，才能使用有龟趺的墓碑，表现了当时严格的尊卑等级观念。当然，高级官员的墓碑也往往做得很大，基座小了自然不稳固。采用底面积较大的龟形底座就坚固稳定得多。使用龟来做底座，除了可以发挥雕刻艺术，增加生趣外，可能还包含着古代四象的神灵崇拜意义。东汉时就常用青龙、白虎、朱雀、玄武这四象来装饰建筑。玄武就是缠着蛇的龟，也有人说玄武就是一种身上有蛇纹的龟。玄武又代表北方，性属沉降，用它作碑座顺理成章。

后代对龟趺的来源另有一种解释，传说神龙共生下9个儿子，9个儿子模样各不相同。老大叫囚牛，喜欢音乐，所以胡琴琴首上刻有它的形象。老二叫睚眦，喜好武力，动辄发怒，刀剑的柄首上常留有它的身影。老三叫螭吻，它能登高临风，古代建筑屋脊上的兽头便是它。老四叫蒲牢，擅长鸣叫，古钟钟纽常刻成兽头表现它。老五就是力大无穷，擅长背负重物的托碑石龟，叫做赑屃。余下的4个，分别叫做狴犴、饕餮、蚣蝮和椒图。这种传说产生得比较晚，在明代文人杨慎的《升庵外集》中才收录了这种传说。可见它只是后人的附会，不能解释龟趺的来源。但是这种传说神奇动人，容易流传，所以明清以来的人也常把龟趺称做赑屃。而且后来的龟趺越刻越大，雕饰也越来越细致逼真，逐渐把它当做龙子来塑造。

南朝的碑还有几种十分有名。如：云南陆良县城南贞元堡的《爨龙颜碑》，刊立于宋孝武帝大明二年（458年）。据说此碑原来树在河纳县西约30公里处，清代嘉庆年间才移到贞元堡内。它是云南仅存的南朝大碑，高3.38米，碑首圆形，上面浮雕朱雀、青龙、白虎和日、月图案，正中有穿孔。浮雕风格还保持着东汉的艺术特色，显示出这里与中原社会文化的变更不甚同步。这件碑的文字保存基本完好，碑阳正书24行，共904字。碑阴刻写了3列职官题名，共313字。墓主爨龙颜，三代都在本州任官，他本人为龙骧将军护镇蛮校尉宁州刺史。碑阴的职官题名中提供了当时云南边疆的政治、军事机构情况，具有重要的历史价值。题名中不仅有晋宁（今晋宁县）、朱提（今昭通县）、益宁（今昆明市）等"宁州大姓"人士，还有来自武昌（今湖北夏口）、雁门（今山西广武）、安上（今四川屏山）弋阳（今河南潢川）等地的人士，反映出当时内地与云南的密切往来。这件碑的书法价值很高，与《爨宝子碑》齐名，历来受到书法界的推重。

文化名城镇江，自孙吴以来就是南方著名的经济、文化中心之一。城东北的焦山如中流砥柱，耸立于滚滚长江之中，是具有多处名胜古迹的游览胜地。这里汇集有南朝至明清的碑石近 500 件，被称为焦山碑林，在大江南北享有盛誉，是中国重要的古代石刻收藏地。

焦山碑林中最有名的石刻要数梁代的《瘗鹤铭》。这件铭文原来刻在江苏镇江焦山西麓的石壁上，不知何时断成几块，据说在宋代被雷电击落，坍落在长江中。宋代人们能见到的只有四边的四块残石，中间一块无法寻觅。冬天水落下去时，才能看到铭文。后清康熙五十二年（1713 年），曾任江宁府、苏州府知府的陈鹏年从水中打捞起四块残石（后乾隆年间移动时又断成五块），移到焦山上的定慧寺中，现在改移至焦山碑林中，黏合后嵌在壁间，并筑有半亭保护。《瘗鹤铭》原文共有 178 字，现仅存 92 字。在它的两侧碑廊上，还嵌有陈鹏年书《重立瘗鹤铭碑记》、康熙四年（1665 年）《重摩顾修远家藏瘗鹤铭跋》及根据传世拓本摹刻的《瘗鹤铭》等多件有关碑石。

《瘗鹤铭》是一篇哀悼家养白鹤的文章。原署名华阳真逸撰文，上皇山樵书。所以历代对其作者是谁有多种说法。宋代的苏舜钦认为是王羲之写的，还有人

83

说是唐代的顾况所书，也有人说书人为王瓒。宋代金石学家黄伯思考证为梁代名士陶弘景书。因为陶弘景自号华阳陶隐，又号华阳真逸、华阳真人，在齐永明年间辞职隐居句曲山，与铭文内容署名相符。所以明代都穆的《金薤琳琅》，清代顾炎武的《金石文字记》等金石著录中都采用这一说法。《瘗鹤铭》在书法史上地位很高，因为它的书体对隋唐以来的楷书风格影响很大。它的用笔奇峭飞逸，既是标准的楷书写法，又带有隶书和行书的意趣，充分显露了六朝时期轻灵飞动，俊雅秀媚的风韵，受到历代书法家的高度评价。

这里顺便介绍一下焦山碑林，它具有悠久的历史，宋庆历八年（1048 年）就曾收集了梁代至唐代书法家的石刻作品，在焦山筑宝墨亭收藏。1958 年镇江市文物管理委员会把镇江各地散存的碑石集中到这里，修缮了玉峰庵、香林庵、海云庵等寺庙旧址用做陈列地点，从而使之成为江南重要的石刻收藏地。其中有唐代至清代的重要史料碑刻、书法艺术方面的石刻和焦山西麓临江岩壁上的摩崖题记等。这里的《大唐润州仁静观魏法师碑》、《唐李德裕瘗舍利石函记》、《宋禹迹图》、《明镇江府儒学对山碑》、《清渝禁开矿碑》等都是重要的史料。1988 年，国务院公布它为第二批全国重点文物保护单位。

### 3 墓志与魏碑

魏晋南北朝时期，有一种新的石刻类型悄然产生，而且迅速地风行开来，成为现存历代石刻中数量最多的一个类型，这就是墓志。

顾名思义，墓志就是标志墓葬的文字材料。而标志墓葬这种风习在中国历史上由来已久。1979 年 12 月，在举世闻名的秦始皇陵兵马俑坑附近的临潼县赵背户村的秦代始皇陵建筑工徒墓地中，秦始皇陵考古队发现了 18 件刻在残瓦上的志墓文字材料。它们记录了建陵死者的身份籍贯与姓名，具备了标志墓葬的性质，开墓志风气之先河。所以，有人也把它们叫做最早的墓志。但是它还不具备固定的形制与文体，只是为了辨识墓主而利用施工中的残破瓦片随手刻写，放入墓中。从这一点来看，它和正式的墓志还有一段距离。

《博物志》中记载了一个神奇的传说故事。据说西汉的功臣滕公夏侯婴去世后，送葬的队伍来到洛阳城门外时，拉着丧车的马匹忽然停住不走了，用蹄子刨着土地，悲伤地嘶鸣不止。送葬的人们很奇怪，便在马蹄刨开的地方向下挖掘，竟挖出了一个大石棺。棺材上刻写着："佳城郁郁，三千年见白日，于嗟滕公居此室。"人们便把夏侯婴埋在这里，并称做"马冢"。这虽然是个传奇佳话，但也告诉我们，汉代的人们已经知道用石刻来标志墓葬了。

在东汉时有一些标明墓主姓名的零星铭刻，如刑徒砖铭、柩铭、墓门、画像石题记等，它们可以说是墓志的先导。从清代起，洛阳附近便有东汉的刑徒砖铭出土。近 40 年来，在洛阳附近的考古发掘中曾经发现大批东汉的刑徒墓砖铭。这些砖铭一般都注明了死者的名籍、身份、卒年等，有些还写有"尸在此下"的字样，可能是为迁葬认尸使用的。这些砖铭全用当时的建筑用砖刻成，与秦始皇陵的瓦文葬铭相同，都是就地取材的产物，可见当时还没有固定的墓志形制。但是它的作用与后代的墓志是一脉相承，对墓志的产生与使用产生了直接的重大影响。画像石题记作为画像的附属品存在，如河南南阳出土的东汉建宁三年（170年）《许阿瞿画像石题记》："惟汉建宁，号政三年，三月戊午，甲寅中旬。痛哉可哀，许阿瞿口年甫五岁，去离世荣"。这种记录与墓志要表达的内容大体相同。虽然画像石题记较少见，但它却将石刻引入了地下墓室之中。起着同样作用的还有枢铭、墓门，如四川芦山出土的建安十六年（211年）《王晖石棺刻铭》，传世的《汉议郎赵相刘君之墓门》等。

正式用来叙述墓主生平，起标志墓域作用的石刻在东汉也已经产生。多年前出土的东汉《贾武仲妻马姜墓记》是殇帝延平元年（106年）刻写的。它记述了马姜的卒年、家庭情况，共有180多字，刻写在一块长方形石板上，除了名叫墓记之外，与墓志没有什么差别了。近年在徐州邳县青龙山麓的东汉人缪宇墓中，又出土一方东汉墓志，记录了缪宇卒于和平元年（150年），葬于元嘉元年（151年）。这是东汉末年的遗物，形状有些像碑。说明东汉时盛行的墓碑对墓志的产生起过重要的影响。

东汉时埋在墓中的石刻墓志是很罕见的，大概是因为当时可以在地面上大修陵园，大树墓碑，不必在墓室中另作表记。而从晋代以后，在墓中埋设墓志的现象才逐渐增多，逐渐形成了一种固定的礼制。追根溯源，其原因在于晋代禁碑的法令措施。前面已经说过，晋代禁碑是比较严格的。而立墓碑来颂扬死者的德行功业，已经成了惯用的丧礼内容之一。国家法令与社会习俗在这里产生了尖锐的矛盾。为了二者兼顾，折中的方法便是把墓碑缩小，采用墓中石刻的形式埋入墓中。大量的墓志就是这样产生的。当然，这时它还没有被称为墓志，往往自题为碑、墓记等。

早期墓志中很多都与墓碑外形相似，并且竖立在墓中棺椁前面。这正是模仿墓碑的确证。像 20 世纪 50 年代在河南洛阳出土的《晋贾皇后乳母美人徐义墓志》，做成圭首小碑形，前后两面刻铭。铭文共 1000 余字，详细列举了徐义乳育贾皇后，侍奉后宫的功劳。铭文中的贾皇后，就是贾充的女儿，这一家人中出过不少故事传说，窃香的韩寿就是贾皇后的妹夫。贾皇后残虐好妒，曾造成晋室大乱。《徐义墓志》中却大谈帝、后慈仁矜愍。可见"诔墓之文"从一开始就形成了专讲套话、假话的歪风。

北京八宝山附近出土的西晋永嘉元年（307 年）《王浚妻华芳墓志》，是篇幅最长、保存最完整的晋墓志。石高 131 厘米，宽 57 厘米，厚 7 厘米，几乎与当时的墓碑差不多。全文共 1630 字，将志石的四面都刻满了。华芳是魏相国华歆的曾孙女，丈夫王浚又任幽州刺史，才能有力量刻制这么大的墓志。

新中国成立以来，在南京附近的考古发掘工作中，有一批东晋时的墓志铭陆续出土。这批墓志有的刻写在长方形石板上，有的刻写在砖块上，内容都比较简单，大多只记录了墓主的姓名、籍贯、官职、卒年等基本情况。比起西晋的墓志来，显得简朴草率。这可能与东晋僻处江南，经济、政治都不够稳定有关。但是这些墓志的主人都身世不凡，尤其是王兴之、王闽之和王彬的长女王丹虎、继妻夏金虎等人，是东晋重臣王导的亲属。王兴之是著名书法家王羲之的堂兄弟，并且与王羲之同任过征西将军参军。因此，他们的墓志一出土，便在书法界引起了轰动。因为这些墓志的书体方正朴拙，处于隶书向楷书过渡的阶段，与人们熟悉的王羲之《兰亭序》那流畅飘逸的行书书体有天壤之别。为了解释这一现象，郭沫若在1965年发表了《由王谢墓志的出土论到兰亭序的真伪》一文，提出《兰亭序》是后人伪造的观点。从而引起了一场《兰亭序》真伪的大论战。虽然这场有大量文物考古专家、书法家、历史学者参加的涉及文字、书法、历史诸方面的论争尚未得出统一的结果，但东晋墓志的出土对推动有关研究起到的决定性作用却是不容置疑的。

在东晋王朝避居江南时，北方大地上战乱不断，匈奴、氐、羌、鲜卑等各民族建立的小国各霸一方，反复征杀。在这样动荡的社会条件下显然不可能有大量财力去刻制纪念性的石刻。现在能够见到的十六国时期石刻只有寥寥几种，比较著名的有前秦建元三年

（367 年）《冯翊护军郑能远修邓太尉祠铭》、建元四年（368 年）《广武将军□产碑》、后秦弘始四年（402 年）《辽东太守略阳吕宪墓表》以及北凉《主客长史阴尚宿捐建道场记》等。这些都是在地面上竖立的碑石，至于十六国时的墓志则极少有所发现。而且这些碑石都是在陕西以西的西北地区发现的。这可能反映了西北一带在当时比起中原来要相对安定一些。

北魏统一了北方以后，形成了南北对峙的局面，南北两地都在比较稳定的形势下恢复发展经济，文化礼仪也再度被提倡起来。南方本来就保留了汉族传统文化，自认为是礼乐之邦。而北方的异族统治者也倾慕汉族文化，大力学习推广，使南北文化交流日益密切，几乎是在同步发展。墓志铭这个名称和墓志的通用形制就是在这种文化氛围中产生的。

现在能见到的最早一件以墓志名义出现的石刻是南朝刘宋大明八年（464 年）的《刘怀民墓志》。从这以后的墓志石上都注明为"墓志"了，在古代的文章体裁中也正式增添了墓志这一大类文体。南北朝隋唐时期的墓志铭都写得十分华丽，叙述死者祖先世系和本人官职的部分用散文，歌颂其功绩及品德的部分用当时流行的骈体文，最后往往附有四言（或七言）诗，称为"铭"。整篇墓志对仗工整，用词铺陈，音韵和谐，可以说是一种文化艺术品。所以当时的很多大文学家如庾信等人都为别人撰写过大量墓志铭。可见墓志这种石刻在中国大地上已经迅速流行开了。

这个时候的墓志形状也有了明显的改变，从南到北，大部分墓志都制作成一块正方形的扁平石材，在向上的平面上刻写铭文。再进一步发展的墓志就制作成上下两块石材，上面一块为墓志盖，一般刻成上小下大，四周斜收的覆斗形（考古学上也称做盝顶形），顶部刻写墓志的名称，四周的侧壁上常雕刻出种种精细的花纹。下面一块是志身，上面刻写铭文，考究的墓志会在志身的四面侧壁上也刻出花饰纹样来。这样上下两块石材合在一起，从外形上看来，很像当时人们日常使用的漆木盒子。由于盒是当时墓葬中常见的殉葬品，有些墓还用陶土烧成的盒或石块雕刻的盒作为明器，所以墓志改为这种外形很可能是受到盒等墓中明器的启示。盒式墓志的形状流行开后，就成了1000多年来中国墓志的主要形制，始终没有什么大的改变。

南方发现的南朝墓志一向不多，除去历代破坏的原因外，可能与南方地下潮湿，蚀泐得比较严重有关，有些南朝墓中出土的墓志石上甚至已经没有一个完整的文字了。传世品中，梁普通元年（520年）《永阳昭王萧敷墓志》和《永阳敬太妃王氏墓志》是罕见的完整材料，书体精美，深得世人赞誉。但是它的原石也早已佚失，现在只有一种珍贵的宋拓本收藏在上海博物馆内。近年来，江苏、浙江等地又陆续出土了一些比较完整的南朝墓志，如宋元徽二年（474年）《明昙憘墓志》、齐永明元年（483年）《刘岱墓志》、梁天监元年（502年）《萧融墓志》、梁天监十三年（514年）《桂阳国太妃王纂韶墓志》等。

　　而在北朝，尤其是从北魏孝文帝迁都洛阳以后，使用墓志的情况十分普遍，现在能够看到的北朝墓志石刻就有五六百件，如果把历代毁坏的与尚在地下未出土的数量也估计在内，恐怕不止几千件。

　　在北方的广阔原野上，可能每省、每县都埋藏有北朝的墓志石刻。但从历代出土的情况来看，墓志出土比较集中的地点主要是北朝各个王朝都城的附近地区，如北魏的都城平城（今山西大同）、洛阳，东魏、北齐的都城邺城（今河北磁县），西魏、北周的都城长安（今陕西西安）附近。其中尤以洛阳地区为主。

　　洛阳西北的邙山一带，自汉晋以来就是著名的墓地，当时天下有"葬在北邙"的说法。北魏孝文帝、宣武帝、孝庄帝及清河王元怿、乐安王元绪、北海王元详等众多帝王的陵墓都选择在这里。元氏皇族及其亲属们的墓葬也都分布在这一带。所以这里曾经陆续出土了不少精美的北魏墓志。20世纪初，由于兴建的陇海铁路经过北邙一带，这里的北朝墓志纷纷出土问世，流入市场。当时国民党元老于右任先生便致力于收集北朝墓志，他曾经收藏了北魏元珽夫妇、元谭夫妇等多种墓志，并根据这些收藏将自己的书斋命名为"鸳鸯七志斋"，另委托洛阳等地的古董商为他收集北朝墓志，前后共购入志石约300件，其中很多都是文字书体雄健、纹饰精美的上品，现在这批墓志由陕西省博物馆收藏。从清代末年以来，由于一些学者厌恶四平八稳、呆滞死板的"馆阁体"书法，提倡临写古代石刻。尤其是康有为曾大力推崇北魏碑志，认为北

朝墓志刚出土,和新写的一样,最为可学。在《广艺
舟双楫》一书中,康有为大声赞叹,学了北朝墓志书
法后,就像从五岳归来,看唐代以后的书法都像看丘
陵一样,毫不可取了。北朝墓志的声誉便随之不断增
高。

北朝墓志的书法也的确出色。它脱胎于隶书、八
分,继承了它们凝重沉着的风韵,又融入了南朝楷书
的清秀俊逸,达到了楷书登峰造极的境界。许多北朝
墓志精品,如北魏景明二年(501年)《元羽墓志》、
延昌二年(513年)《元飏妻王氏墓志》、延昌三年
(514年)《元珍墓志》、正光四年(523年)《元祐妻
常季繁墓志》、熙平二年(517年)《元怀墓志》、熙平
二年《崔敬邕墓志》等,都是书法界视若拱璧的珍贵
范本。其中一些墓志原石出土后不久便被盗卖到国外,
甚至下落不明,如《常季繁墓志》、《元祐妻王氏墓
志》等便被日本人大仓氏买去,据说已在东京地震中
毁坏。《崔敬邕墓志》也早已佚失。所以这些墓志的初
拓本便成了珍贵的文物藏品。

北朝时期的墓志不但文字书体俊逸端庄,纹饰图
案也十分美丽,尤其是元氏皇族的墓志,都装饰得富
丽堂皇。墓志的纹饰以细线刻为主,主要有云气纹样、
仙人、神兽、螭龙、莲花及青龙白虎朱雀玄武四象图
案等。以洛阳出土的正光三年(522年)《冯邕妻元氏
墓志》为例,它的志盖中央,刻有一朵盛开的莲花,
四杀(侧面的四个斜坡)上刻有缥缈云气中的神兽和
螭龙,整个装饰图案排布匀称,疏密适宜,线条灵动

飞逸，气势不凡，生动地表现了神仙境界的幻秘色彩。这些墓志纹饰和洛阳地区北魏墓中出土的石棺纹饰同样出色，反映了当时高超的石雕艺术水平。北魏墓中石棺的四周刻有多种图案和故事画面，如1977年在洛阳上窑村出土的画像石棺，在棺身和底座的四周刻有四像、神兽纹样和乘龙升仙的图案，空隙处刻上云气、花草等纹饰，是一件精美的艺术品。

近年来，各地在考古发掘中不断发现新的北朝墓志，其中很多都具有重要的史料价值及考古断代意义。如山西省太原市出土的北齐武平元年（570年）《娄叡墓志》、山东省德州市出土的北魏神龟二年（519年）《高道悦墓志》、河南省安阳市出土的北齐武平六年（575年）《范粹墓志》、河北省景县出土的北魏正光二年（521年）《封魔奴墓志》及其他封氏家人墓志、磁县出土的东魏兴和三年（541年）《司马兴龙墓志》、宁夏固原县出土的北周天和四年（569年）《李贤墓志》等。这些墓主大多是刺史、国公以上的高级官员，墓志铭中的记述可以补充和证实史书中的有关记载，有些墓志的书体还很精美，从而受到普遍重视。

与大量的北朝墓志相比，北朝的地面石刻保存得不大好，留存至今的只有很少一部分。但是它包含的范围很广，有石柱、碑、摩崖、刻经、题记等多种形式。这些石刻的制作都比较精细，具有很高的艺术价值和历史价值。

矗立在河北省定兴县石柱村的北齐《义慈惠石柱》，是一件罕见的北朝石柱形纪念碑。这件石柱用石灰石叠砌而成，全高 6.17 米，分成柱身和石屋两个部分。柱身下部为覆莲形柱础，柱础上为石柱，柱顶上托有一个石板。石板上安放一座精雕细刻的石屋。这座石屋完全模仿当时的土木建筑，为单檐庑殿顶，圆形殿柱上刻有栌斗，四壁刻有门窗和几何纹图案。屋内还刻出佛龛，内有一尊正襟趺坐的佛像。北朝时的房屋已荡然无存，这座石屋为我们留下了难得的北朝房屋建筑模型。柱身上刻有《石柱颂》一文，3400 余言，记述了北魏末年杜洛周、葛荣起义军的战斗情况以及人民收殓义军尸骸、兴建石柱的经过。

《魏书》中记载，北魏孝昌元年（525 年），柔玄镇人杜洛周起兵，六镇流民纷纷响应，在幽州、燕州、殷州、冀州、相州之间与北魏军队多次交战，达 4 年之久。河北一带正是当时战争的中心，杀戮惨重。所以在北齐建国后，河北地区稍有恢复时，人们便将原野间散布的尸骨收集起来，埋葬在一起，并且立了木柱做纪念。后来官府改用石柱代替了木柱，便是这件《义慈惠石柱》。它对研究南北朝历史具有重要价值，又是古代建筑史的珍贵资料，所以在 1961 年，国务院公布它为全国重点文物保护单位。

鲜卑拓跋氏自称为黄帝的后代，祖先居住在北方的幽都，以畜牧射猎为业。《魏书·礼志》中记载：拓跋氏的祖先曾经在居住地"凿石为祖宗之庙"，这就是著名的鲜卑石室。太平真君四年（443 年），魏太武帝拓跋焘还派中书侍郎李敞到石室去祭天地祖先。1980 年，考古工作者在内蒙古自治区鄂伦春自治旗阿里河镇西北、嫩江支流甘河的北岸山林中找到了这个石室——嘎仙洞，并且惊喜地发现了洞壁上刻写的北魏太平真君四年《祭祀祝文》。这是近年发现的最重要的北魏摩崖石刻。

祝文书法古朴质拙，书体介于隶书与楷书之间，字体大小不一，共分 19 行，201 字，内容与《魏书·礼志》上记载的李敞祝文基本相符，说明史料记载的可靠性。鲜卑民族的早期历史依靠这件摩崖得以证实，无怪乎人们把它称做少数民族考古的重要遗址，并将它确定为全国重点文物保护单位。

北朝摩崖中还有两处被确定为全国重点文物保护单位，这就是山东莱州市和平度市的云峰山、天柱山摩崖与山东邹县的铁山、岗山摩崖。铁山、岗山摩崖刻写的是佛经，下面与佛教艺术一起介绍。这里先介绍一下云峰山、天柱山摩崖。这两座山及大基山、玲珑山位于莱州湾以东，相距约 25 公里，山势不高，但奇峰峭石变幻无穷，林木蓊郁，清泉流注，堪称世外桃源，在山中突兀岩石的侧面，刻有北魏至北齐的题铭 42 处，另有东汉刻石一处。这些刻石大多由郑道昭及其子郑述祖等人题写，所以也称做郑道昭石刻。郑道昭在北魏永平三年（510 年）出任光州刺史，官署设在莱州。他的三儿子郑述祖在北齐河清三年（564年）也曾担任光州刺史。他们在公余经常出游，登山临水，吟诗镌石。留在云峰山的有《郑文公下碑》、《论经书诗》、《观海童诗》、《咏飞仙室诗》、《重登云峰山记》和《云峰之山题字》等 11 处题字。在天柱山及福禄山的摩崖有《郑文公上碑》、《天柱山铭》、《东堪石室铭》、《姚保显造塔记》及 4 处题字。在大基山刻有《仙坛诗》及 11 处题字。玲珑山上原立有《百峰山诗》碑，但已残毁，所余的上半截辗转流传在外，现在由故宫博物院保存。此外，玲珑山上还留有 4 处题字，其中《游槃》和青州百峰的《白驹谷》题字每个字直径达一尺多，十分壮观。

云峰山、天柱山摩崖石刻的形制多样，有的随山石原状任意镌刻，有的加工成碑的形状。书法风格以自然美见长，或凝重雄健，或纵横高迈，结构严谨方正，气势宽博舒展，在北朝书法中自成一派。它不仅对隋唐书风有明显的影响，而且深得当代书法家的喜爱。连远在海外的日本、韩国等地，都有不少云峰山、天柱山石刻的崇拜者。

现存的北朝碑石不足百件，主要分布在山东、河北、山西、河南、陕西、甘肃等地，但在这些碑中有很多都具有珍贵的文物价值。据说清代末年，学者杨守敬作为出使日本大臣黎庶昌的随员驻日本。他看到当时日本民间流散有很多唐代以来的中国书籍，便下大力搜集，但苦于财力不足。正巧日本国内对魏碑拓片非常推崇。杨守敬便用魏碑拓片换来了大量古书带回国内，并影印成《古逸丛书》、《留真谱》等多种图集，为保存中国古籍作出了重要贡献。在这里也有北朝碑刻的功劳。

最著名的魏碑是现存山东曲阜孔庙的北魏正光三年（522 年）《张猛龙碑》。碑文主要歌颂当时鲁郡太守张猛龙兴办教育的事迹。这件碑是书法珍品，用笔方正强劲，完全摆脱了隶书的局限，开隋唐楷书之先河，是楷书发展成熟的一个显著标志。最奇特的是它的碑额、碑阴、碑阳三部分采用了三种不同的书写风格。碑额严谨端正，碑阳恭楷挺秀，碑阴则潇洒恣意，三者形成完美的统一，极富艺术价值。清代著名书法家包世臣曾对它大加赞扬，影响深远。此外，河南登封的北魏太安二年（456 年）《中岳嵩高灵庙碑》，碑石早佚仅存拓本的北魏太延五年（439 年）《大代华岳庙碑》，山东德州的北魏《高庆碑》、《高贞碑》，河北磁县的北魏《高盛碑》、《高肃碑》、《高翻碑》，河南长葛的东魏兴和二年（540 年）《敬使君显隽碑》等，都是极负盛名的北朝重要碑刻。

## 4 佛教造成的石刻奇观

作为世界三大宗教之一的佛教，大约在汉代开始传入中国，并且逐渐流传普及，在南北朝时期兴盛起来，梵音佛唱遍布宇内。而石刻艺术从佛教传入的时候起就密切地与佛教结为一体，为它服务。在佛教的推动下，中国古代石刻的应用更为广泛，石窟造像、造像碑、刻经、题记……数以万计的佛教艺术石刻构成了至今仍令人惊叹不已的辉煌奇观。

一提起佛教石刻，人们眼前马上会浮现起大同云冈石窟、洛阳龙门石窟、甘肃炳灵寺石窟等地那宏伟壮观的大型石雕佛像。这些被中国人民引以为傲的文物珍宝都是从南北朝开始兴造的。于是，人们可能会认为，佛教石刻的出现，是魏晋南北朝以来的事情。但是近年来考古工作者经过研究考察，确认了多处东汉时期的佛教石刻遗迹，从而将佛教传入中国的时代确定在东汉以前。

江苏省连云港市海州锦屏山东北，有一座百余米高的小山，叫做孔望山。相传孔子曾登上此山，眺望东海，所以得名孔望山。在山的南麓峭崖上，有一批古代摩崖造像，现在统计为 110 个人像，其中最大的高 1.54 米，最小的仅 0.1 米。从造像雕刻的技法，造像人物的衣、冠、用具以及图像内容来看，大多是东汉晚期的作品。

这批造像在明清时代就已经有了文献记载，附近的文人雅士也常去玩赏，但是人们都把它当做汉代的一般画像石刻，没有注意到其中的佛教内容。直到 1980 年中国历史博物馆研究员史树青先生去考察时，才首先指出孔望山造像中包含有佛教内容，以后有关专家学者又深入研讨，普遍同意其中的一些造像具有佛教的典型特征。如有一个人物造像刻成深目高鼻，头顶上有高肉髻，身穿圆领长衣，这些显然不是汉人的形象。特别值得注意的是这个人物右手平举，五指并拢，掌心向外，这种姿势是典型的佛教手势，称为"施无畏印"，是佛在宣讲佛法时所做的姿势。由此可见这是一尊立佛的造像。佛的坐法也与汉族传统坐法不同。汉族长期采用跪坐，双脚放在臀部下面。而佛的坐法叫"结跏趺坐"，双腿盘在身前，左足背放到右大腿上，右足背放到左大腿上。汉画像石中是见不到这种坐法的。但孔望山摩崖造像中便有这样一位"结跏趺坐"的佛陀。

孔望山摩崖造像中还有两组画面可以确定为常见的佛教佛传和佛本生故事画。一组是由 57 个人像组成的"涅槃图"。涅槃是梵文 nirvəna 的译音，原意是"火熄灭了"，含义为"消除各种烦恼"，佛教中作为佛陀去世的代称。据说佛教的创始人释迦牟尼度化众生后，来到中天竺拘尸那迦城（今印度迦夏城）附近的希拉尼耶伐底河边，在两株娑罗树之间右胁侧卧，半夜去世。他涅槃后，弟子们围绕着他的遗体哀痛不止。"涅槃图"就是描绘这个场面的佛教故事画，在各地的石窟寺庙中，常可以见到"涅槃图"，北京西山卧佛寺的卧佛便是一尊大型的涅槃佛雕塑。孔望山的"涅槃图"中央是一个右手支颐，仰面侧卧的高浮雕人像，他身穿圆领长衣，头顶有肉髻。四周环绕的人都显出悲痛欲绝的样子，与后来的同一题材造像极为相似。

另一组是"舍身饲虎"的故事，画面上有一个人仰面而卧，头戴尖顶冠帽，上身赤裸，上方有一个虎头。佛经中为了宣扬佛教徒的博爱无私，多处宣扬舍身饲虎的故事，有萨埵那王子投身饿虎，乾陀尸利国王子舍身喂虎等。《贤愚经》中记载：萨埵那王子见到一只生下 7 只小虎的母虎饥渴难忍，便脱去衣服，把自己脖颈刺出血来让舔老虎舔食。这个王子就是后来的释迦牟尼。这也是在佛教艺术中经常可见的宣传题材。

除此之外，还有莲花、白象等典型的佛教内容。这些都无可置疑地证实了这些造像是佛教石刻，证明了东汉时佛教已在中原开始流行。由于孔望山造像具有如此重要的价值，1988 年，国务院将其公布为全国重点文物保护单位。

在四川乐山城郊麻浩湾的山崖上，有一座东汉的大型崖墓。墓的前部是一个大型前堂，后部有三间小室。在中间一个小室的门楣上，刻有一尊浅浮雕佛像，高 37 厘米，结跏趺坐，右手作施无畏印，头顶有肉髻，背光，是明显的佛教风格。在乐山柿子湾的另一座东汉崖墓中，也有两尊类似的坐佛像。俞伟超先生还指出，1953 年发掘的山东沂南画像石墓中室石柱上，也刻有两尊立佛像。山东滕县出土的一块东汉画像石残块上，刻有两个佛教传说中的吉祥物——六牙白象。这些散布在南北各地的石刻遗物，都是东汉时佛教石刻艺术的珍宝。

佛教在印度流传时，就已经利用石刻艺术来塑造佛像，著名的犍陀罗佛教艺术对南亚及中国的佛教造像都产生了巨大的影响。在此基础上，印度开始开凿石窟作为佛寺。最早的巴拉巴尔石窟群大约开凿于公元前 3 世纪的孔雀王朝时代。此后直至公元 7 世纪，印度各地都有佛教石窟兴建，闻名世界的阿旃陀石窟以其千姿百态的精美佛像石雕成为印度石窟艺术的主要代表。

随着佛教从陆路途经中亚传入中国，佛教石窟艺术便首先来到龟兹等西域古国，在今新疆维吾尔自治区天山南麓一带发展起来。拜城县境内的克孜尔石窟，库车县境内的克孜尔朵哈、库木吐喇、森木塞姆等石窟，吐鲁番境内的吐峪沟石窟等都是规模较大的重要石窟。其中克孜尔石窟开凿的时间较早，大约在公元3世纪。但是这些石窟中多以壁画为主，石雕数量较少。

大约在十六国时期，佛教石窟由西域进入内地，首先出现在玉门关以内的甘肃、宁夏地区。著名的敦煌莫高窟、武威天梯山石窟、永靖炳灵寺石窟、天水麦积山石窟等都是在这时期开始兴建的。这些石窟不仅在崖壁上开凿石室作为佛殿，而且大量雕塑佛像，兴起了佛教石刻艺术的高潮。当时由于河西凉州地区比较安定，经济、文化较为发达，又位于东西方交通的枢要地区，所以它很自然地成为佛教的一个传播中心。石刻造像较多的炳灵寺石窟，位于甘肃省永靖县西南40公里刘家峡水库的大寺沟西岸，现存窟、龛共195个。它开创于十六国时代的西秦时期，现在169号窟内还保存有"西秦建弘元年（420年）三月二十四日造"的墨书题记，这是中国石窟寺中现存年代最早的造像题记。以后北魏、北周、隋、唐、宋、西夏、元、明各代都有新的开凿或修缮，现存各代造像776尊，其中近700尊为石刻。早期的造像有单身佛像、二佛、三佛、五佛、一佛二菩萨等。根据现存的墨书榜题和造像特点分析，常见的佛像为释迦牟尼、无量寿佛、苦修佛、弥勒佛、观世音菩萨、大势至菩萨、思惟菩萨等。西秦时期的造像多显示出印度犍陀罗与抹菟罗雕刻技艺的影响，人物形象带有明显的异族色

彩，高鼻大眼，形体健美。北魏时期的造像便逐渐汉
民族化，衣着由西方的通肩长衣改为南朝典型的"褒
衣博带"（就是宽松肥大的袍衫与长长的宽腰带），人
物面目清秀，小眼薄唇，反映了佛教迅速汉化的时代
特征。

北魏前期最为辉煌的佛教石窟巨制是在其首都平
城（今山西省大同市）附近兴建的云冈石窟。它自公
元 5 世纪中期开始在武周山南麓开凿，延续到 6 世纪
初，是中国最大的石窟群之一，也是世界闻名的佛教
艺术宝库。在北魏迁都洛阳后，这里的凿窟活动才大为
减少，除唐代有过个别造像，辽代、金代有些重修活动
外，基本上没有开凿什么大型窟龛。现存的 52 个主要洞
窟、51000 余尊造像中，绝大部分为北魏所雕凿。

北魏佛教直接来源于北凉，即佛教东渐的第二站。
北凉在公元 439 年（北魏太武帝太延五年）被东方来
侵的北魏军队攻占。北凉的宗室官吏及平民 3 万多户
被迁到平城去。凉州僧侣 3000 人也同时被迫东迁。这
次迁徙把佛教文化与石窟的雕刻技艺全盘搬到了平城
一带，使中原的佛教影响迅速扩大。这以后，虽然有
过太武帝在太平真君七年（446 年）下诏焚毁佛像与
佛经、坑杀僧徒的灭法行动，但仍未能阻止佛教的广
泛传播，反而促进了后代开凿云冈石窟的活动。北魏
文成帝即位后，便将凉州名僧昙曜召到平城。和平初
年，由昙曜主持开凿了著名的昙曜五窟，除一窟是释
迦立像外，每窟中都雕刻三世佛像，据说是为北魏太
祖以下的五位皇帝每人各凿一尊佛像。在当时"天子

即如来"的思想指导下，这些佛像也尽力模仿北魏皇帝的形象，甚至连身上的黑痣都用黑石子仿制出来。这五座石窟规模宏伟，气势磅礴。最高的一尊佛像高16.8米。另一尊高13.7米的释迦坐像，胸部以上由于石质坚硬，保存较好。它面形丰满，高鼻薄唇，两肩宽厚，双耳垂肩，在精美的火焰背光和飞天等浮雕衬托下，显得肃穆庄严，是云冈石刻的突出代表。此后云冈的大小石窟被不断开凿，孝文帝迁都以前为一个阶段，这时的石窟由昙曜五窟的椭圆形穹隆顶改变为方形平顶，并出现了仿木结构的窟檐、屋形龛等中国式建筑装饰。有些窟有中心塔柱，有些窟在后壁开礼拜道，供僧徒们在窟中往复瞻仰。石刻造像的题材内容也变得多种多样，出现了大队的供养人像、佛本生故事画等，这些画面都雕刻得十分精美，线条刚健，似乎继承了汉代画像石的艺术风格。孝文帝迁都洛阳以后为另一个阶段，这一时期的石窟大多是不成组的中小型窟，可能是由于开凿石窟的施主由大贵族改为中下层官吏与平民，财力明显不足。这一时期的窟龛形式多样，特别流行有中心塔柱的塔洞、壁上刻满小千佛的千佛洞、四壁三龛和四壁重龛等式样的洞窟。佛的面型也明显地清瘦秀丽，全部穿着褒衣博带式佛装。佛传故事和弥勒题材的佛像开始增多，反映出佛教更加世俗化的趋势。因为当时民间对弥勒净土（即佛教中的天国乐土）的向往越来越强烈，石窟中的雕刻自然迎合了这种倾向。

云冈石窟的石刻艺术品中，有许多十分精彩、极为罕见的内容，例如第 50 号窟中的"雕鹫怖阿难入定因缘图"刻绘了一东一西两个石龛，东龛上方有一只凶猛的大鹫，双翅展开，伸颈向龛内坐禅的比丘僧啄去，而西龛内的坐佛慈祥地伸出右手，穿过龛壁去抚摸比丘僧的头顶，表示保护。这是佛安抚弟子阿难的故事。《大唐西域记》中记载：阿难在姞栗陁罗矩吒山坐禅时，魔王化为大鹏来恐吓他。佛祖施展神力，将手从石壁间伸过去安慰阿难，使他安心修行，成为佛的得力弟子。生动的造像把这一佛教故事绝妙地再现于石窟之中。宿白先生曾根据这一稀有的造像说明云冈石窟后期的中小型窟多是为僧人坐禅而修造的。

云冈第 6 窟的中心塔柱四周，雕刻了佛传故事，共有 16 幅，像一套完整的释迦牟尼生平连环画。这里有释迦牟尼的父母净饭王与摩耶夫人的像，有太子释迦牟尼出生，九条天龙为他淋洒香水，太子骑象入城，仙人为太子占相，国王将太子送给他的姨母抚育，太子乘象，太子与父母对话等画面，记述了佛的幼年生活。而在这个窟四壁上用浮雕继续描绘释迦牟尼得道前的故事，表现太子在宫中游玩享乐，极尽豪华之事，而后太子陆续遇到老人、病人、死人和比丘僧，认识到人生的痛苦无常，又被神托梦，从此决心出家，去山中访求仙人，追寻佛道；太子成道后，端坐在毕波罗树下，魔王派出魔鬼手持武器来恐吓太子，又派 3 个魔女来诱惑太子，但是却丝毫不能改变太子修道的意念。这些石雕佛画排列有序，造型生动传神，雕饰效果瑰丽精美，具有极高的感染力。

此外，如第 5 窟的"菩萨乘象降胎图"、"太子踰城出家图"，第 8 窟门侧的摩醯首罗天（一种三头八臂、骑在白牛身上的天神）与鸠摩罗天（有五头六臂，骑在孔雀身上的天神），第 12 窟中的伎乐天（奏乐的仙人）等石刻，也都十分精彩。云冈石窟的石刻宝库中，像这样的内容数不胜数。总体来说，云冈石窟是将汉代以来的民族艺术传统与外来的佛教文化成功地融为一体的首次大规模尝试。这些石刻构思巧妙，形象鲜明，内容丰富多彩，富于创造性。尤其是里面包含的艺术、建筑、音乐、佛教文化、历史等众多方面的实物资料，为有关研究提供了丰富的素材。

河南洛阳的龙门石窟，是与云冈石窟相互辉映的一颗灿烂明珠，它坐落在伊河两岸的龙门山与香山崖壁间，以龙门山为主，现在统计共有窟龛 2100 多个，造像 10 万躯，浮雕佛塔 40 余座，碑刻题记 3600 件，是中国石窟中石刻题记最多的一处。

在北魏迁都洛阳前后，便已开始在龙门山古阳洞凿刻石窟造像，现在古阳洞中有北魏孝文帝太和十二年（488 年）的造像题记，可能是龙门石窟最早的开凿记录。《魏书·释老志》中记载：北魏宣武帝景明元年（500 年），开始在龙门为孝文帝和文昭皇太后建造石窟各 1 座，永平（508～511 年）年间又为宣武帝造石窟 1 座，这就是著名的宾阳三洞，是龙门大规模开窟造像的开始。此后至北魏孝明帝末年（528 年）期间，是龙门石窟开凿的第一个高潮，这时开凿的有莲花洞、火烧洞、慈香洞、魏字洞、普泰洞、皇甫公洞

（石窟寺）、药方洞、唐字洞等。现存窟龛中有 1/3 是北魏开凿的，其余部分主要是唐代开凿的了。

龙门石窟的造像题材内容丰富多样，雕饰细腻华美，驰名中外。千姿百态的佛像、菩萨像，繁多细巧的佛龛装饰，高浮雕莲花藻井，宏大生动的供养人行列以及种种经变故事浮雕都显示出无比的艺术魅力。如果详细介绍，那就要靠专门的石窟寺著作了。我们这里只偏重于文字石刻，将有关的古阳洞、药方洞两处介绍一下。

龙门石窟中最早开凿的古阳洞，平面为马蹄形，穹隆顶，正面刻有一佛二菩萨像。主尊释迦牟尼面容温和，清秀适度，身穿双领下垂式袈裟，结跏趺坐。左右两尊菩萨头戴三面花冠，颈系项圈，身披璎珞帔帛，面带微笑。这种造像风格与云冈石窟早期造像明显不同，开创了新的艺术风貌，代表了北魏后期石窟造像的特点。洞内左右壁上分层雕刻了多列佛龛，一直排布到窟顶，共有小龛 1350 多个。

特别值得珍视的是在古阳洞四壁的造像龛中，很多都附有题记。这些题记主要是记录捐资造像的人物姓名、官职，造像时间，佛的名称等。有些较长的题记还写上造像的目的，如为国王造像，为父母造像，为疾病痊愈造像等。这些造像题记有些就刻写在造像龛下面，有些还单独刻成一块小碑的外形附在造像龛旁，如著名的《孙秋生造像记》等。龙门的造像题记中保存了研究龙门石窟修造历史的大量资料。北魏王室如安定王元燮、广川王元略、齐郡王元祐、北海王元详等都在古阳洞中留下了题记。此外还有大量嫔妃、官员、比丘乃至平民的造像题记，为研究北朝社会提供了史料。

龙门的北魏造像题记一向在书法艺术界享有盛名，被称为龙门品，其中的精品有四品、二十品、五十品等多种选法。流行最广泛的是龙门二十品，即《孙秋生造像记》、《始平公造像记》、《北海王元详造像记》、《北海王国太妃高造像记》、《比丘法生造像记》、《一弗造像记》、《解伯达造像记》、《杨大眼造像记》、《魏灵藏造像记》、《郑长猷造像记》、《惠感造像记》、《贺兰汗造像记》、《高树造像记》、《朱槊造像记》、《广川王太妃侯造像记》、《元燮造像记》、《慈香造像记》、《道匠造像记》、《马振拜造像记》、《元祐造像记》等。它们被书法界看成是魏碑体的典型代表，古拙刚健，深受推崇。在这二十品内，有十九品都选自古阳洞中。

药方洞并不太大，它开凿于北魏晚期，主要造像是一佛二菩萨二力士二狮子，刻于北齐时代，近年有学者认为它凿刻于唐高宗时。使药方洞闻名天下的是在它洞口过道两侧刻写的 140 个古代药方，为中国医学史留下了一份宝贵的遗产。这些药方中有 117 个属于药物治疗，有 23 个是灸法，适用于疟疾、反胃、心疼、消渴、瘟疫等多种病患。药方的制剂方法有丸、散、膏、汤剂等，用药方法包括内服、外敷、洗、熏蒸等，充分反映了中国古代传统医学的成就。这也是医学文献在石刻中比较早的出现。

除去前面所提及的石窟，北朝时代各地兴建的主

要石窟还有：甘肃庆阳南北石窟寺、安西榆林窟，山
西太原天龙山石窟，河南巩县石窟、安阳宝山石窟，
山东济南黄石岩石窟，河北邯郸响堂山石窟，辽宁义
县万佛堂石窟等。南朝石窟保存到今天的只有南京栖
霞山千佛岩石窟一处。这些佛教石窟中的艺术雕刻与
石刻题记等，都是珍贵的文化遗产，是中国古代石刻
发展史上的重要作品。

　　佛教文化在南北朝时期石刻中的另一类重要的体
现就是造像碑，这也是佛教信徒们为了崇拜佛像、树
立功德而雕刻的。由于它的体积较小，又可以不受条
件限制，不必像石窟龛像一样必须在山崖上开凿，所
以很多寺庙中都树立有大大小小的石造像碑，关中地
区的北朝造像碑尤为著名。

　　造像碑吸收了中国石刻中的传统碑造型，也有一
部分采用四方塔柱的外形。在碑身上凿刻小型的佛龛，
雕刻佛像，有些碑上还刻有供养人的画像。大部分造
像碑上都刻有铭文，内容是造像人的姓名、籍贯、官
职、造像的原因以及对佛教的颂词等。造像碑在中原
产生的时间，比石窟传入的时间早一些。现在见于著
录的最早的造像碑是宋代《金石录》上记载的前赵光
初五年（322 年）浮屠澄造释迦像碑。在新疆曾经出
土一件北凉时期的沮渠安固造像碑，雕饰十分精美，
后被德国人盗运到柏林博物馆。现在国内所保存的大
多为北魏至北周时期的遗物。

　　造像碑上的佛像以高浮雕为主，辅以线刻画像，
由于碑形较小，所以雕刻得十分精细，其中有不少珍

贵的艺术佳品。如甘肃麦积山石窟中"麦察"133 号窟中的第 10 号造像碑。碑首圆形，中央刻有释迦与多宝二佛并坐的一个佛龛，龛楣上刻有 7 尊化佛。最下面是主龛，内雕一佛二菩萨，龛外有力士与狮子。龛侧分别刻有维摩诘像和双鹿在鹿野苑听法的故事。主龛上还有一龛交脚弥勒像，两侧刻有佛传故事画。这件造像碑上包含的丰富内容足以与一座小石窟相提并论。

河南浚县有一座精美的四方柱形造像碑，造于北齐武平三年（572 年）。它下面有方形碑座，顶部是仿照砖木建筑屋顶刻成的九脊单檐歇山式碑顶。碑身四面都刻出三层佛龛。龛内雕出佛像，在碑铭中注出各龛佛像的名称，有弥勒佛、释迦牟尼佛、阿弥陀佛、观世音菩萨、大势至菩萨、普贤菩萨、无量寿佛、多宝佛、药师佛等，还有维摩诘像与涅槃变的画面。这样题材多样、刻工细巧的造像碑是很少见的。

在陕西省耀县城东的药王山上，有关中地区最丰富的一批造像碑收藏。它包括自清末以来在耀县附近地区出土的北魏至唐代造像 100 余件。造像碑有碑形、方柱形、塔形等多种式样，雕刻了各种佛、菩萨、天王、供养人等。碑中还有大量生动的线刻画面，如《谢永进造像碑》上的杂技缘幢图，《雷周生造像碑》上的供养人图，《锜麻仁造像》上的角牴图，《吴洪标造像碑》上的地狱变相等。这些雕刻具有强烈的平民生活气息，其中描绘的人物服饰、车马形象、屋宇建筑、乐舞杂技等，都是研究当时民俗、文化、艺术等的珍贵材料。

耀县造像碑的铭文书体与内容也十分有名，其中北魏始光元年（424 年）《魏文朗造像碑》、太和二十年（496 年）《姚伯多兄弟等造像碑》、北周武成元年（559 年）《绛阿鲁造像碑》等书法价值较高，很早就流传四方。耀县造像碑铭中的供养人姓氏非常多，很多是各少数民族的姓氏，来自北方各地，如锜、似先、贺兰等。对研究北朝时期的少数民族历史具有重要意义。

药王山上还保存有自北周至明、清期间的 43 尊摩崖石刻造像，共分 7 个洞窟，其中以第 2 窟中的北周弥勒像最为精美，高达 3.3 米。此外，由于唐代名医孙思邈曾经隐居在此，历代以来在这里留存下了大量与孙思邈有关的碑刻，如历代帝王的封诏、游人题记、诗文、绘画等，共达 150 件。其中特别重要的有明代碑石《千金宝要》和《海上仙方》。《千金宝要》共 4 石，摘录了孙思邈《千金方》一书中的重要医方。《海上仙方》记录了孙思邈的《枕上记》、《养生铭》和各种单方。孙思邈医学成就的精华尽萃于此。碑石中还有新发现的重要石刻北周天和五年（570 年）《法师张僧妙碑》、《宋徽宗题褚慧龙章云篆诗文碑》等。由于这里收藏的丰富石刻具有重要的历史价值，1961 年国务院确定药王山石刻为首批国家重点文物保护单位。

用石刻保存和传播佛教经典，是南北朝时期的新发明。这类石刻大约出现在北魏末期。北朝时的石刻佛经，大多采用摩崖石刻的形式刻写在名山上或石窟寺的附近，刻写的一般是最常见的较短的经文。

　　去过泰山的人，大都不会忘记经石峪上那二尺见方的巨大隶书《金刚般若波罗蜜经》石刻。在一亩多的广阔石坪上刻下如此巨大的文字，一眼望去，给人的震撼是难以忘怀的。这部经文现存 1043 个字，书法遒劲有力，历来被称做"大字鼻祖"、"榜书之宗"。它是北齐时代的杰作。四面山崖下，留下了不少后人题刻，赞颂这一宏伟成就。北朝虔诚的佛教徒们宣扬佛法的目的，便通过这一巨型刻经达到了。而我们今天看到它时，更为人力战胜自然顽石的成果所振奋。

　　在山东邹县，还有类似的北朝摩崖刻经——铁山、岗山摩崖石刻。这两处刻经在 1988 年被公布为全国重点文物保护单位。

　　铁山摩崖也是刻在一块巨大的花岗岩石坪上，分为金刚经文、刻经颂和题名三部分。现在残存的文字共有 1500 多个，最大的字直径将近 1 米，最小的也有 20 厘米，大部分是 40～50 厘米大小。根据刻经颂文记载，它镌刻于北周大象元年（579 年），主持刻经的人叫匡喆，由北齐僧人道壹书写。岗山刻经分布在东西长约 300 米的岗山北麓崖壁间。由于多年山水的冲蚀，许多刻石的位置移动或断裂开来，显得十分零散。现存刻石有 26 块，总计 400 余字。字的直径从 10 厘米～45 厘米。内容包括《佛说观无量寿经》、《入楞伽经》、梵文佛偈和题名等，大约刻写于北周大象二年（580年）。岗山刻经的书体与铁山刻经明显不同。铁山刻经书体以隶书为主，杂以行草，用笔方圆兼施。岗山刻经则多为方笔，主要是楷书。它们表现出北朝书法不同的两个侧面，深得书法家喜爱。

河北省邯郸市鼓山的南、北响堂山石窟，邻近北齐时的政治中心邺城，是北朝晚期造像最集中也最具代表性的石窟，被列入全国重点文物保护单位。这里还是北齐时期最重要的刻经地点之一。在北响堂山石窟第 3 窟（俗称刻经洞）的内外石壁上刻满了佛经经文，隶书大字，书法精湛。这是北齐晋昌郡开国公唐邕在天统四年（568 年）至武平三年（572 年）间陆续刻成的《维摩诘经》、《弥勒成佛经》、《孛经》和《盬经》4 部经文。窟旁立有 1 座《唐邕写经碑》，是唐邕在刻经完工后撰写的纪事碑铭。碑文中说：唐邕皈依佛教后，深深感到用绢帛简策皮纸等来抄写经书都不是长久之计，容易毁坏不存，所以决心在名山中用石刻留存下经文，使佛教经义能历经劫难，永远流传。这也正是各地佛教信徒们勒石刻经的共同目的。

# 五 隋唐雄风

## 气势非凡的隋唐巨碑

南北朝时期，中国各地都有大批石刻出现，形成了一股遍及南北的石刻热潮。隋代统一全国后，将南北文化融为一体，加上有隋朝初期富裕强盛的国力作基础，很快就使文化艺术达到了一个新的高度，为以后的盛唐繁荣铺下了基石。所以，隋朝虽然国祚短暂，却发挥了承上启下、融会贯通的巨大作用。石刻也是从隋代起进入了一个使用更广泛，形式更多样的新阶段。

北方石刻的主要门类，如碑、墓志、造像等，在南北朝时已经基本上有了固定的形制和文体。隋代沿袭了北方石刻的成例，并且吸收了南方石刻的特点，使隋代的石刻颇具气势，尤其是高大雄伟的隋唐碑石，不仅保存下来的数量宏大，而且雕饰精细，艺术价值极高，特别是书法造诣引人注目。至今在中原各地保存的隋唐碑刻珍品仍不胜枚举。

在为数不多的隋碑中，龙藏寺碑以它独具特色的书法艺术艳冠群芳，被评为隋碑之首。这件名碑保存在河北省正定隆兴寺中。隆兴寺创建于隋代开皇六年（586 年），原名龙藏寺，宋代改名龙兴寺，清代康熙年间才改为今名。寺中的宋代铜铸千手千眼观音是国内现存最高的铜佛像，所以人们又叫它大佛寺。龙藏寺碑便是寺院始创时记录建造经过的碑记，全名为《恒州刺史鄂国公为国劝造龙藏寺碑》。碑文撰、书人是谁尚不能确定。有人根据碑文最后残存"齐开府长兼行参军张公礼"等字样，推测撰文人及书碑者就是张公礼。张公礼其人虽然在有关文献中不见记载，但书写的这件碑文却字体结构宽博端严、方正有力、笔力遒劲，既保留有北朝碑版风格，又与初唐楷书有相似之处，具有幽深古朴的美感。它代表了融南北书风于一炉、向唐代楷书过渡的隋代书法风格，对于研究汉唐之间过渡时期的书法艺术与演变过程有着重要的价值，也是书法史上的一座重要的里程碑。因此历代书法家都给予它很高的评价。康有为在《广艺舟双楫》中称赞它"此六朝集成之碑，非独为隋碑第一也"。

龙藏寺碑的外形沿承了南朝大型碑石的式样，为圆首，龟趺座，碑首上雕有蟠龙纹饰。现存高度为3.24 米。碑阳楷书 30 行，每行 50 字。碑阴和碑身右侧刻写了隋代恒州各县参与修寺的官员及僧人的姓名。

在北方的河北、山东、河南、陕西等地，还保存有一些隋代的石碑。如开皇十三年（593 年）刊立的陈思王曹植碑、诸葛子恒等平陈颂，开皇十六年（596年）前刊立的洛州南和县宋文彪等造沣水石桥碑，开皇二十年（600 年）孟显达碑，大业三年（607 年）刊刻的舍利塔碑，等等，都是具有华美的文体、出色的书法水平及精细碑饰的完美石刻艺术品。

特别值得一提的是清代道光十二年在广西钦州发现的隋大业五年宁越郡钦江县正议大夫宁赟碑。这是一件在广西境内乃至南方地区都很少见的隋代石刻。宁赟碑的外形古朴，与北方圆形雕龙碑首的形制不同，而是仿照汉代碑石的形制，在碑额中雕有穿洞，字体方硬古拙，与南朝刘宋时代的爨龙颜碑相近。它们可能反映出边远地区接受中原文化的影响比较晚一些，还不能随着中原地区的新式碑形制而改变过来。当时边远地区与中原交往的不便，由此也可见一斑。

隋文帝建立的辉煌大业，却被荒淫无道的儿子隋炀帝在十几年内就断送了。继之而起的大唐帝国，吸取了上一代的教训，鼓励生产，保持安定，很快地出现了国力强盛、文化发达的昌平景象。唐代近 300 年间，是中国石刻历史上最为辉煌的一个阶段。这时制作的石刻种类繁多，技法纯熟，有碑、墓志、摩崖、题名题记、造像、刻经、塔铭、经幢、地券等 10 余大类。现在尚存的就有 10000 多件。仅就其中的大型石碑来说，其雕饰花纹、书法水平、文辞风采等，与历代碑刻相比，都要高出一筹，可以说是石刻宝库中的镇库之宝。

唐代值得一看的著名碑石太多了，一时难以逐一介绍。我们只能按其分布的地区择要介绍几处。

以西安为中心的陕西关中地区，是唐代的都城所在，唐长安城中荟萃了四方文化精英与雄厚的财力物力。这里也是唐代名碑集中的地区。现在最著名的石刻汇集地有礼泉县内的昭陵小碑林与西安城内的陕西省博物馆（西安碑林）等地。

昭陵坐落在礼泉县城东北的九嵕山上，是唐太宗李世民的陵墓。陵园面积达 30 万亩。唐太宗在刚开始修建昭陵时就下诏，允许功臣、皇亲和德业崇高的官员们在昭陵陵园内陪葬。因此，在这片辽阔的陵园内，还保存有 200 多座大小不一的初唐官员墓冢，其中有 167 座可以确定墓主。初唐的亲王、公主、著名大臣大都在这里留下了自己的墓碑或墓志。其中唐代名臣李勣的墓碑最高大，高 7.5 米、宽 1.3 米、厚 0.7 米，居昭陵陪葬墓碑之冠。李勣原名徐世勣，因为战功显赫，被赐姓李氏。碑文为唐高宗亲自撰文并书写。唐代帝王自李世民起都十分喜爱书法，李世民甚至把王羲之的真迹带入墓中殉葬。唐高宗李治的书法造诣也很高，直追二王。昭陵碑刻自古以来就是金石著录的重点，因为它不仅集中，而且形制高大、雕饰精美、书法端庄；碑的主人又全是著名历史人物，碑文中含有丰富的史料。历代人们大量捶拓，损坏得比较严重。现存的碑石大部分都有文字剥落残泐的现象，最严重的甚至下半截碑上只字无存。有些碑倾倒埋没，有些更遭到人为破坏。近人罗振玉曾经编写《昭陵碑录》一书，对当时尚存的昭陵碑石一一作了记录，并根据以前的金石著录、拓本补充了残缺的内容，但也只有近 30 件。中华人民共和国成立以来，陕西省文物管理委员会对昭陵碑石进行了重点保护，经过调查和发掘，共搜集到昭陵陪葬碑41件，其中《褚亮碑》、《兰陵公主碑》、《李勣碑》等文字基本完好。1964年与1965年出土的《李孟尝碑》、《吴黑闼碑》、《李承乾碑》等也保存得十分完整。著名书法家欧阳询书写的《温彦博碑》，褚遂良书写的《房玄龄碑》，畅正书写的《程知节碑》等都是昭陵碑刻中的稀世珍品。在昭陵的陪葬墓前还有不少石雕的侍卫、虎、羊等艺术品。昭陵的祭坛内还排布了阿史那社尔、吐蕃赞普弄赞、高昌王麴智勇、焉耆王龙突骑支等十四国君王的石像（现在仅存像底座）。原在昭陵的著名石浮雕《昭陵六骏》是艺术水平极高的石刻。它是唐太宗一生征战中骑过的6匹骏马的造像，栩栩如生。里面有两匹马的浮雕被美国人于1914年盗走，现藏美国宾夕法尼亚大学博物馆。余下的4匹被送到陕西省博物馆中保藏。为了更好地保护昭陵的这批石刻珍品，1979年，在李勣墓附近建成了昭陵博物馆，将昭陵范围内的所有墓碑、墓志等石刻汇集到昭陵博物馆中，人称"昭陵小碑林"。

有小碑林，自然应该有大碑林。这就是坐落在西安城内三学街的西安碑林。它是国内最大的古代石刻集中地，现在收藏碑石2300多件，其中以唐代碑刻为主，包括大量艺术珍品。这些碑石排布在7个大型陈列室、7个展览廊和8座碑亭内。人们游览其中，宛若在碑石组成的林海间穿行，真是满目琳琅，美不胜收。

追寻碑林的历史，恐怕要从唐代晚期说起。唐文宗是一个崇尚儒学、热心研读经典的文人皇帝。他曾下大力将儒学的经典《周易》、《尚书》、《毛诗》、《周礼》、《仪礼》、《礼记》、《春秋左传》、《公羊传》、《谷梁传》、《孝经》、《论语》和《尔雅》共12部书全部刻写在碑石上，加上学者校读时改正字体而成的两部字书《五经文字》与《九经字样》，这项继汉石经之后最宏伟的刻经工程，共刻写了14部经书，用碑石114块，共计650252个字。这批石经形制划一，文字工整，堪称石刻史上的一个奇观。因为它完成于唐开成二年（837年），后人称之为"开成石经"，又名"唐石经"。当时将石经置放在国子监中，位于唐长安城务本坊，地点大约在今西安城的南部。

唐昭宗天复四年（904年），唐朝临近灭亡。企图篡夺皇位的军阀朱温强迫唐昭宗迁都洛阳，并且对长安城进行了毁灭性的破坏。后来，佑国军节度使韩建重建了范围大大缩小的新城墙，许多重要的碑石都丢弃在新城外面。韩建怕石经受破坏，便命人将它迁入城内。由于数量多，战事频繁，当时没有搬完。几年后，镇守长安的梁将刘鄩又把剩下的石经碑石全部迁入城内，放在原尚书省的西侧。后来官吏又把其他碑石也迁到这里。由于这个地方夹杂在民居当中，无人照管，使得大量碑石倾倒折断，甚至埋没土中。如唐代大书法家颜真卿的名作《颜勤礼碑》就是后来在这里发掘出来的。

宋哲宗元祐二年（1087年），龙图阁学士、漕运使吕大忠主持，将《开成石经》、唐玄宗手书《孝经》以及颜真卿、褚遂良、欧阳询、徐浩、柳公权等著名书法家书写的一些碑刻移到北宋府学的北部，专门兴建了一座院落，把《石台孝经》和《建学碑》立在中央，上覆碑亭。把《开成石经》三面环绕在外，基本形成了今日碑林第一室和"石台孝经亭"的格式。这个地点，也就是今日西安碑林所在。

碑林创建 900 年以来，历代曾经不断地进行修整，并且陆续迁入在西安附近发现的碑石。根据现在碑林中保存的金《京兆府重修府学记碑》、明《重修孔庙石经记》等碑石及文献记载，金代曾 2 次修葺碑林，元代有 3 次，明代有 3 次，清代 4 次，民国年间 2 次。明代嘉靖三十四年（1555 年），陕西发生大规模地震，西安城内破坏严重，碑林也未能幸免，《开成石经》中有 39 石折断，未断的也多有残毁，其余碑石中受损的也很多。至明神宗万历十六年（1588 年）才对碑林进行了大规模修整，对石经残损的字作了补刻，有些则新刻一石补缺。共立补刻新碑石 96 件。清代康熙三年（1664 年），陕西巡抚贾汉复等人，集《开成石经》字样，补刻了《孟子》一书，共计 17 件碑石，与以前的唐石经合成"十三经"之数。乾隆年间，学者毕沅、吴大澂等人到陕西做官，他们都是著名金石学家，所以热心于金石整理保护。尤其是曾任陕西巡抚的毕沅，在乾隆三十七年（1772 年）对碑林作了一次大整理，除了全面整修房屋外，还调整了碑石次序，补充了新发现的碑石，将旧存石刻清理出来，选择优秀石刻单独设立展室。他还设立了碑林管理机构，制定了拓印制度，并且编印了《碑林五十五种》碑帖。这些措施，不仅奠定了今日碑林的基础，而且形成了一套完整的文物保护制度，其功不可没。民国二十五年至二十六年（1936～1937年），又曾对碑林作过一次大规模的修复，新建了陈列室、休息室、储藏室等。中华人民共和国成立以后，西安碑林获得很大发展。从1950年起，曾多次加以整理修缮，并新收入了大量历代碑石，现在的碑林整洁美观、气势宏伟，被确定为全国重点文物保护单位。

碑林中保存的大量隋唐碑刻，具有巨大的历史价值和艺术价值。就古代书法来说，这里堪称遍地奇珍的宝库。仅唐代碑石中就有真、草、隶、篆各类书体及大量优秀书法家的作品。今天人们学习书法常用的范本大多出于此地。如虞世南的《孔子庙堂碑》，褚遂良的《同州圣教序》，欧阳询的《皇甫诞碑》，颜真卿的《多宝塔碑》、《臧怀恪碑》、《郭氏家庙碑》、《颜勤礼碑》、《颜氏家庙碑》，柳公权的《玄秘塔碑》等。这里还有著名的草书碑刻——隋代智永、唐代张旭、怀素等人书写的《千字文》。隶书有梁昇卿的《御史台精舍碑》、史惟则的《大智禅师碑》、韩择木的《告华岳文》，以及唐玄宗李隆基手书的著名《石台孝经》等。行书的代表作有唐代和尚怀仁集王羲之字体刻写的《大唐三教圣教序》等。李阳冰的《三坟记碑》等篆书作品则是罕见的唐代篆书佳作。这些碑石，有些是墓碑，有些是为佛寺、家庙、神灵等撰写的颂词，有些是纪事碑刻，其中都包含着不少有用的史料，但它们的书法艺术价值远在史料价值之上，使之闻名遐迹，流传千载。

　　碑林中所藏碑石的史料价值就更无法估量了。《御史台精舍碑》帮助学者们了解唐代的御史情况，《重修内侍省碑》反映了唐末宦官专政的历史……这里仅详述一例，那就是闻名中外的唐代《大秦景教流行中国碑》。

　　景教，是西方基督教聂斯脱里教派的汉名。大秦，指东罗马帝国。聂斯脱里教派由叙利亚主教聂斯脱里创建，与埃及的西利尔教派相对抗。由于东罗马帝国禁止该派传教，它便向东方发展，在唐代进入中国，建立寺院，传播基督教教义。《大秦景教流行中国碑》刻于唐德宗建中二年（781年），高约 2.8 米，厚约 0.85 米。碑额上方刻有立在莲花座上的十字架。汉字碑文中记录了唐初贞观九年（635），大秦传教士阿罗本来到长安，在义宁坊建大秦寺传教，以后唐高宗又允许景教在各州建教堂的情况。碑文中还记录了玄宗、肃宗、代宗等帝王与景教教堂的往来关系。唐德宗时，还任命景教僧伊斯为朔方节度副使，协助郭子仪征战。碑的下部和左右两侧用叙利亚文与汉文合刻了 70 名景教传教士的姓名与职位。这些史实，是研究景教在中国的流传状况，了解中外文化交流的珍贵资料。这块碑在明代天启五年（1625 年）出土后移到西安城西的金胜寺中，很快便引起了中国学者及外国传教士的注意。清代末年，欧洲学者认识到这件碑的价值后，曾有人大造舆论，要把它运到欧洲去。丹麦人荷尔姆曾偷偷来到西安，用重金贿赂金胜寺的僧人，企图用仿刻品将原碑换走。僧人大吃一惊，赶快报告了官府。当地官民为了杜绝不法之徒觊觎此碑，便把它移入碑林保管，使荷尔姆的阴谋彻底破产。正像《大秦景教流行中国碑》的这段历险所反映的，碑林里的每一件碑石，都是中国人民保护祖国文物的一曲颂歌。

我们再随意巡游几个地点。人们登上关中西北高原的麟游县，就可以在那里的九成宫遗址见到大书法家欧阳询的代表作《九成宫醴泉铭》和唐高宗书写的《万年宫序铭》。在乾县的唐高宗与武则天合葬陵——乾陵，可以见到高达 6.3 米的巨碑《述圣记》，与《述圣记》对峙的《无字碑》更为奇特，全碑空无一字。据说是表示武则天的功绩没有言语可以形容，干脆就一个字也不写了。在泰陵、惠陵、桥陵等唐代皇帝的陵区内，也保存有相当数量的碑石。

东跨黄河，三晋大地上分布着大量唐代碑刻，太原晋祠中有唐太宗手书的《晋祠之铭并序碑》，碑高1.95 米，方碑座，螭龙碑首，全文 1203 个字，书体挺拔飞逸，颇有王羲之的韵味。闻喜县内有裴氏宗祠石刻群，包括碑石几十件。唐玄宗书写的《裴光庭碑》，行笔豪放有力。唐贞观十一年刻的《裴镜民碑》，兼有虞世南、欧阳询两家之胜，素负盛名。在新绛县城内龙兴寺，有一座用古文写成的奇特碑石，这就是总章三年（670 年）刻立的《碧落碑》，内容是唐韩王李元喜的儿子们为其母房氏造像祈福。立碑 200 年后，即唐咸通十一年（870 年），又在碑阴刻写了释文。它是

122

研究古文字的宝贵资料。

　　河北省内有一些著名的隋唐碑刻。正定县除去前面讲的《龙藏寺碑》外，还有唐代永泰二年（766年）立的《风动碑》，记录安史之乱后节度使李宝臣割据河北的情况，史料价值很高。沙河县有颜真卿为丞相宋璟书写的墓碑，是颜真卿晚年书法艺术的佳作之一。保定市莲池中唐代书法家苏灵芝写的《田琬德政碑》，易县的《老子道德经幢》等，也都是享誉一时的书法佳品。《老子道德经幢》更是目前校注《老子》的重要参考资料。隆尧县是唐代李氏皇帝先祖陵墓所在。这里的小碑林收集了历代碑石50多件，其中《大唐帝陵光业寺大佛堂之碑》是了解唐代李氏祖陵情况的重要材料。

　　山东省的泰安、曲阜孔庙等地都保存不少唐代的大型碑刻，如《兖公颂》、《神宝寺碑》等。当你来到这些游览胜地，观赏秀丽风光时，这些丰碑会领你沉浸到历史文化的浓厚氛围中，给你以知识和启迪。尤其是在泰山大观峰峭壁上刊刻的摩崖巨作《纪泰山铭》，高达13.3米，为唐玄宗李隆基开元十四年（726年）东封泰山时手书，气魄雄壮，无与伦比。新中国成立后又将铭文全部贴金保护，显得更加壮观。其他如长清县的李邕书《灵岩寺颂碑》，陵县的颜真卿书《东方先生画赞碑》等，均为唐碑中的艺术珍品。

　　河南地处中州，是隋唐的经济、文化中心。洛阳、辉县、鲁山、鹿邑、陕县等地都有较多的重要唐代碑刻。现在仍矗立在偃师县的《升仙太子碑》是书法家薛稷和钟绍京的佳作，书体端庄秀丽，碑额用唐代特有的飞白书写成，这种飞白书是用枯干的毛笔拖出，笔画中丝丝露出白地，具有独特的艺术韵味。这座碑高达 6.7 米，盘龙碑首、龟形趺座，雄伟威严。洛阳龙门石窟中的《伊阙佛龛之碑》是初唐著名书法家褚遂良的书法代表作，兼有雄浑秀逸之美。登封县境内名胜古迹比比皆是，少林寺及塔林、嵩阳书院、石淙等地，都有大量著名唐碑，具有丰富的史料，像记载唐太宗封赏少林寺情况的《唐王告少林寺主教碑》、高达 8 米的嵩山最大碑石《大唐嵩阳观纪圣德感应颂碑》、武则天及大臣们书写的《宴石淙诗》等。

南方保存下来的唐代碑刻比较少，著名的有四川成都的《诸葛武侯祠堂碑》、江苏连云港《郁林观东崖壁记》摩崖、江苏南京栖霞寺《明征君碑》、浙江鄞县《阿育王寺常住田碑》等。

特别值得珍视的是反映当时民族关系与中外交往的重要史料碑刻。例如保存在西藏拉萨大昭寺的《唐蕃会盟碑》，这是唐长庆三年（吐蕃彝泰九年 823 年），唐蕃双方在长期交战后，约定罢兵修好，确定边界，互派使节盟誓后刻成的纪事碑。碑身为方柱形，高 4.76 米，用汉藏两种文字刻写了盟约全文和会盟官员的姓名官职。碑阴还用藏文刻写了唐蕃两国的友好关系史，歌颂这次会盟的伟大意义。它是千余年来汉藏人民友好交往的见证。还有现在保存于云南省大理市太和村南诏太和城遗址的《南诏德化碑》。它大约刊立于南诏赞普钟十四五年（765～766 年）。碑文中记录了南诏政权建立初期的一系列史实，赞扬了唐朝与南诏的友好关系。文词生动感人。其他如反映广西壮族地区面貌的《智城碑》，新中国成立以后在渤海国遗址发掘出来的渤海国《贞惠公主墓碑》、《贞孝公主墓碑》等，都是用汉字书写的，碑的形制也与中原碑石式样近似，表现出繁荣先进的唐代文化对边远地区和少数民族产生的巨大影响。这些碑刻是各民族团结友好的生动写照。

## 唐代墓志——一个丰富的历史宝藏

从河南洛阳沿谷水上溯，可以到达新安县内一个傍河依山的小镇——铁门镇。著名的石刻博物馆之一——千唐志斋，就坐落在这里。

千唐志斋是一座具有豫西地方建筑特色的窑洞式庭院，三重院落中，排布开 15 座砖券拱形窑洞，在洞壁上镶嵌着由晋代到明、清时期的墓志、书画造像等石刻共 1374 件，其中主要是唐代的墓志，有 1209 件。因此，全部工程完成后便命名《千唐志斋》。著名学者章炳麟亲笔书写了篆额。

千唐志斋是一处私人收藏。主人张钫先生，曾在民国初年任陕西陆军二师师长、靖国军副总指挥、河南省建设厅厅长等职。当时洛阳北邙山一带修建陇海铁路，有大量唐代墓葬被挖掘，出土文物遍地流散。张钫先生便下大力搜集唐代墓志，以后又委托郭玉堂等古董商人代为收购，成为海内收藏唐代墓志最多的一人。为了保护好这批珍贵的石刻，张钫先生在 1935 年到老家铁门镇的私邸花园中特别建筑了收藏墓志的院落——千唐志斋。至今仍保存完好，成为国内一处重要的石刻集存。

除张钫先生外，清末以来，还有很多学者和收藏家大力搜集唐代墓志，如端方、罗振玉、缪荃荪、陆和九、于右任、李根源等人。朱德同志在云南讲武堂中的老师、著名爱国人士李根源先生曾收集过一批非常精美的唐代墓志，称为《曲石精庐藏志》，建国以后，这批石刻捐献给国家博物馆，现陈列在苏州市石刻博物馆等地。在河南洛阳关林石刻艺术馆、开封市博物馆、陕西省博物馆，以及新疆、河北、山西、江苏、湖北等地的博物馆内，也都收藏有大量的唐代墓志，总数可达 5000 余件，堪称历代石刻中数量最大的一个类型。

人们为什么这样珍视唐代墓志呢？这是由于唐代墓志本身具有重要的史料价值及艺术价值。它对社会科学各方面的有关研究都有参考意义，是难得的原始资料。20 世纪初，在敦煌莫高窟的藏经洞中发现了一批唐代以及北朝、五代、宋等时代的写经、文书等文字材料。这批敦煌文书被视为研究唐代社会的宝贵史料，受到各界的普遍关注。而唐代墓志就其丰富史料和巨大数量等方面来讲，都丝毫不亚于敦煌文书。

隋唐时期是中国封建社会的鼎盛时期。发达的社会经济促进了文化艺术的繁荣。丧葬礼仪，既是封建文化礼制的重要组成部分，又是社会风俗习惯的必要内容，在这样繁荣发达的社会条件下自然会更加完备，更加普及。唐代墓志的大量产生，正是源于这种社会条件。以前只有达官贵人才有财力在墓中埋设墓志，平民百姓顶多也只是刻一块仅有几个字的砖墓志。而在唐代，上至王公贵族，下到庶民歌伎，都可以在墓中放一块石刻的墓志。要说不同，也只是在志石的大小、雕饰以及志文内容上有所区别。

唐代墓志的形制上还可反映出较明显的封建社会等级差别。这在唐代的礼仪制度上有明确的规定。但是在唐代后期人们便已不那么严格遵守礼制的规定了。20 世纪 70 年代中，在河北省邯郸市附近发现一件晚唐河北藩镇王元逵的巨型墓志。它的四边都长达 2 米，在志盖和志侧都用浮雕手法雕出生动的装饰纹样，有力士、生肖、花草等，总重量在 3 吨以上，需要用一辆大卡车才能拉动。这件墓志为唐代墓志之冠军。它的形制已经远远超出了规定。唐代初年的大功臣鄂国公尉迟敬德（就是后代把他的形象当做门神张贴的赫赫猛将），虽然地位高过王元逵，但他的墓志也只不过边长 1.2 米左右。而在唐代墓志中，像尉迟敬德墓志这样的已经是最高规格了。它雕刻得十分精致，装饰了多重宝相花纹饰，志侧还刻了十二生肖动物形象。志文长达 2221 字。一般下级官员和平民的墓志边长只有 0.3～0.4 米，装饰的花纹也比较简单，甚至不加装饰，只把表面磨平而已。字数也只有四五百个。

　　唐代墓志的外形继承南北朝和隋代墓志的式样，由一个覆斗形的盖与方形志身组成一组方盒状的石志。也有一些简单一点，不要志盖的。如果石工设计雕刻的技术精湛，还能制出别具一格的墓志珍品。新中国成立以后，在陕西三原曾发现一件雕刻成巨龟形状的唐代淮安王李寿墓志。李寿是唐高祖李渊的堂兄弟。这件墓志雕刻得极其精细，外形是一只栩栩如生的巨龟，头部和背甲构成志盖，可以打开，四爪和腹身构成志身，中央磨平，刻写铭文。这件龟形志石全长 1.5 米以上，宽约 1 米，是唐代墓志中罕见的瑰宝。

　　唐代墓志中反映出的唐代书法艺术说是绝顶高超。一幅幅墓志书迹，或秀美俊逸，或端庄谨严，或行草流畅，显示出唐代 300 年内各种书法流派的不同风貌，简直就是一部唐代书法史。初唐时期，墓志的书体显示出褚遂良、虞世南、欧阳询等著名书法家的明显影响。像咸亨三年（672 年）盖蕃墓志、永徽二年（651年）段简璧墓志、圣历二年（699 年）崔玄籍墓志等。直至盛唐时期，这些著名书法家的影响还存在。例如天宝十一年（752 年）顺节夫人李氏墓志，书体妩媚飘逸，形神与褚遂良写的《大字阴符经》有相似之处，但又含有六朝书体余韵，不局限于褚遂良书体中，是唐代书法作品中难得的佳作。其他如贞观二十二年（648 年）文安县主墓志、显庆三年（658 年）王居士砖塔铭、万岁通天二年（697 年）梁师亮墓志铭等，都是享誉已久的书法佳作。

　　盛唐时期，由于唐玄宗喜欢写隶书，当时社会上也有几位隶书名手，如史惟则、韩择木等人，影响很大，所以这时墓志采用隶书写法的也为数不少，如开元十一年（723年）崔泰之墓志、天宝十年（751年）倪彬墓志等，都是唐代隶书佳作。中、晚唐时期，墓志书体又受到颜真卿、柳公权等人书风的影响。如贞元五年（789年）孙公夫人李氏墓志、咸通四年（863年）平原长公主墓志等。李邕、怀素、张旭等人的行书、草书影响在墓志中也能见到。开成四年（839年）三藏大遍觉法师塔铭就是一件极为潇洒漂亮的行书作品，由僧人建初书写，可见当时寺院中文化修养之高超。书写墓志的人往往不署名，所以唐代墓志中署有由名人书写的不太多见。近年在河南出土了一件唐代草圣张旭书写的楷书墓志，令人们大饱眼福。然而从大量一般官员、文人书写的墓志中却更能清楚地反映出唐代文化教育的深入普及与唐代书法艺术的高深造诣。大批普通文人的字都能写得篇篇锦绣，字字琳琅，唐代历史上才能产生出这么多名垂千古的书法高手。从这一点上来说，唐代墓志在中国书法史上的地位绝不亚于大量名人书写的唐代碑石。

唐代墓志的文体在古代文学作品中独具一格。它沿袭南北朝时骈体文与汉代歌赋的特点，注重文辞华丽和音韵协调，讲求对仗，大量使用典故和比喻，需要很高的文学水平。所以自南北朝以来著名文人都给别人写过墓志铭，不少佳作传颂一时，成为世人模仿学习的范本。但是由于墓志文中修辞手法过于精细，引用典故多，使人们阅读它时也有一定困难，尤其是常用的套话使用过多，反而令人难辨真伪。如墓志主人姓刘就一定要提起夏代豢养龙的刘累、斩蛇起义的刘邦等刘氏祖先，赞扬女子的才德就一定提孟母断织诲子、梁鸿举案齐眉，等等。这种陈词滥调恐怕唐代的文人也不欣赏了，在唐代晚期，便有一些墓志改用散文的方式，直接叙述死者生平事迹，反而更生动感人。这可能也是韩愈等人倡导古文，改变文风的影响。所以在唐代以后的墓志中就很少见到这种四六对仗，工整谨严的骈体文了。

尽管受到文体影响，但数量宏大的唐代墓志中仍蕴藏了丰富的历史材料，很多是古代史书和其他文献材料中记录错误或者遗漏不载的，因此就更具有重要意义。拿宋代编写的《新唐书·宰相世系表》来说，由于它是北宋欧阳修等人利用残存的唐代文献、宗族谱牒等材料编写的，而这些材料经过多年传抄及五代的战乱，既残缺不全又存在错误。《宰相世系表》也就由此错误百出，致使有些学者认为它毫不可信。而唐代墓志中却有大量人物与《宰相世系表》记载的内容有关。按照墓志撰写的习惯，这些人物的祖先和子孙也都记录在上，这就形成了一系列的小型谱牒。这些谱牒都是当时的人书写的，错误的可能性极小。所以，利用现有的几千种唐代墓志去校正《新唐书·宰相世系表》，就会使它成为一部比较可靠的历史文献了。

在唐代墓志中，记录了大量当时的重大历史事件。如永徽五年（654年）盖赞妻孙光墓志中记录了初唐时，洛阳地区在王世充占领下遭到的严重饥荒和战乱景象，留下了一斗米卖到一万钱，骨肉不能相救的悲惨实况。调露元年（679年）泉男生墓志、永淳元年（682年）扶余隆墓志等则记录了唐初征伐高句丽的战事。长安三年（703年）程思义墓志、开元九年（721年）贺兰务温墓志等都揭示了武则天执政时酷吏周兴等人大肆罗织，用酷刑对待官员的情形。其他如安史之乱、晚唐藩镇割据等都有所反映。贞元十三年（797年）臧晔墓志，详细记载了唐德宗建中四年（783年）时军阀朱泚等叛乱，攻入长安的情况以及平叛的经过。唐代历次重大的农民起义，在唐代墓志中也有所反映，如圣历二年（699年）崔玄籍墓志中记录了崔玄籍镇压陈硕真起义的情况，贞元十五年（799年）李皋墓志中记录了袁晁起义的情况。古代史书中对这方面的材料很少采用。所以尽管墓志中是用咒骂的语言去记录农民起义，但也能为有关研究提供一些难得的资料。

墓志中还有很多在其他地方见不到的唐代社会生活风俗习惯等资料。如记录唐代的婚姻习俗中择偶不受行辈限制，普遍早婚，纳妾，大户人家多近亲通婚，为早亡的儿女结成冥婚等情况，都是十分难得的。对当时的经济、文化情况，墓志中也有很多反映。唐宣宗大中五年（851年）孙公义墓志中记录了孙公义任官期间，为了安定民心，采用鼓励农耕、改革税制的方法，使居民逃亡在外、几十年税租不能收全的情况迅速改观。这也是唐代后期实行改革的原因所在。墓志中的地理名称记载，对研究认识唐代地理状况帮助极大。在洛阳地区出土的墓志中，几乎都写有洛阳城中的坊里名称。在长安地区出土的唐墓志也是如此。这些名称可以帮助人们搞清楚唐代时闻名世界的两大都市——长安与洛阳的城市布局情况，是珍贵的历史地理资料。

特别值得一提的是，唐代墓志为研究中外关系与文化交流提供了十分重要的证据。隋唐时期由于经济、文化发达，国力强盛，中外交往频繁，中国成为当时世界上最强大的国家之一。隋代首都大兴城、唐代首都长安城，都成为国际文化交流的中心。常年居住在这里的外国人口达数万人。唐高宗时，波斯王子一次从长安带回国去的波斯人就有几千名。萨珊王国被阿拉伯人消灭后，自王子至平民的大量萨珊波斯人东迁唐帝国。唐德宗时，中亚的商客有 4000 多人长期居住长安达 40 多年。这些外国人与汉人和睦相处，学习汉文化，有些还做了唐朝官员。唐代墓志中有大量外国人和少数民族人的墓志，反映了这种中外文化交流的盛况。如高句丽人泉男生、泉男产等墓志，突厥人阿史那忠、执失奉节、薛突利施匐阿施夫人等墓志，契苾人契苾李中郎墓志，薛延陀人阿史那贞公墓志，靺鞨人李谨行墓志，康国大首领的妻子翟氏墓志，安国人安万通墓志，米国人米继芬墓志，波斯人苏谅妻马氏墓志等。这里仅列举两种介绍一下。

1956 年在西安市西郊三桥发掘出土的永贞元年（805 年）《神策军散府将游骑将军守武卫大将军同正兼太常卿上柱国米继芬墓志铭》是反映昭武九姓之一的米国与唐朝友好关系的重要文物。从志文中可以知道，米继芬为米国酋长的子孙，从他的父亲突骑施起就作为人质来到长安，并且在唐朝任职。米继芬的幼子在大秦寺中出家，信仰景教，保持着西方的文化习俗。这是当时中外文化互相交流同时共存的见证。米国的地理位置在今吉尔吉斯共和国境内。据文献记载，米国为昭武九姓之一，原属于大月氏人，居住在祁连山北的昭武城，因为被突厥打败，才迁移到葱岭一带。米国曾经多次给唐朝献来胡旋女与歌舞伎人。胡旋舞曾受到唐朝人士的普遍喜爱，白居易有咏胡旋舞诗称："人间物类无可比，奔车轮缓旋风迟"。刘禹锡有首诗中说："二朝供奉米嘉荣，能变新声作旧声。"这位米嘉荣也是米国来的歌手。可见米国的艺术与唐代文化艺术有着密切的渊源。

1955 年在西安西郊出土的唐咸通十五年（874 年）《苏谅妻马氏墓志铭》是一件研究唐朝与波斯往来关系的重要考古资料。墓志上方用波斯巴列维文刻写了志文，下面又刻了汉字的志文。波斯文中使用了祆教历法记日，说明苏谅和他的妻子马氏都是祆教徒。祆教是古代的波斯宗教，又叫拜火教，崇尚光明和圣火。苏谅以波斯人的身份在长安安家立业，并且担任了左神策军散兵马使这样的禁卫要职，正表现出唐代宽厚友好的民族政策。而用波斯文字刻写墓志，在数千件唐代墓志中仅此一例，更是难能可贵。

## 3 石刻线画与陵墓石雕

隋唐时期的艺术石刻是非常有名的。尤其是唐代，在广泛吸收外来文化艺术的同时，保持中国传统艺术的特点，将绘画、雕塑等造型艺术推到前所未有的新高度，留下了大量精美的艺术品。敦煌莫高窟的唐代壁画与彩塑，韩幹、周昉等人的画卷，都是人们赞不绝口的艺术珍宝。而唐代的帝王陵墓石雕与碑石、棺椁、墓志等石刻上的线画，也都是可以与唐代绘画并列的艺术佳品，在石刻史与艺术史上占有独特的地位。

在陕西省八百里秦川北部的原野中，散布着唐代18位帝王的巍巍陵寝，通称做"关中十八陵"。它们是：乾县的唐高宗、武则天合葬墓——乾陵、唐僖宗靖陵，礼泉县内的唐太宗昭陵、唐肃宗建陵，泾阳县内的唐德宗崇陵、唐宣宗贞陵，三原县境内的唐高祖献陵、唐敬宗庄陵、唐武宗端陵以及唐高祖祖父李虎的永康陵，富平县境内的唐中宗定陵、唐代宗元陵、唐顺宗丰陵、唐文宗章陵、唐懿宗简陵，蒲城县内的唐睿宗桥陵、唐玄宗泰陵、唐宪宗景陵、唐穆宗光陵以及唐玄宗兄李宪的惠陵，咸阳市境内有武则天母亲杨氏的顺陵和唐高祖父亲李昞的兴宁陵。它们的陵区内都遗留下了大量石刻作品，这些石刻有拱卫陵园大门和神道的各类动物、人物石雕像，如天禄、翼马、犀牛、石羊、獬豸、鸵鸟、狮、虎及侍卫大臣等；还有起纪念作用的碑、华表柱等。

关中十八陵内，大多是"因山为陵"，有14座陵墓都修建在气势非凡的独立山峰之上，借助巍峨的自然山势来衬托唐代帝王豪雄盖世的精神气概。陵园中

134

安放的石刻群与建筑物同样是为烘托整个陵园气氛服务的，按照一定的布局，形成一个规整对称的庞大阵容。每件石刻都强调了形体的庞大与轮廓的简洁，以适应这莽莽苍苍、一望无际的山陵。而在雄伟浑厚的黄土山峦的映托下，陵墓石刻也显得分外庄重，表现出强烈的艺术感染力。

陵墓石雕，主要要表现出帝王的威严，给人以无情的震慑。所以，用凶猛的石狮、石虎显示守护陵墓的威力，表现封建王权的不可侵犯。用神奇的天禄、翼马来联系天上的仙界，满足封建帝王对升仙得道的幻想。用安顺的石马、石羊象征百姓驯服和吉祥太平。用鸵鸟、外国君主酋长的立像来表示四海升平，万邦来朝。再加上护卫的文臣武将，歌功颂德的碑表，这些便构成了唐代帝王陵寝内的主要石刻内容。

初唐时期的帝陵对所用石刻还没有统一的规定，陈设的方法也不一样。如唐高祖的献陵中在四面大门边各置石虎 1 对，陵墓南面竖立了 1 对石华表，1 对石犀牛，东面还立了 1 龛石佛像。而唐太宗的昭陵就只在陵园北门安放了十四国酋长的石像和唐太宗的 6 匹战马浮雕。初唐的石刻作品中可以看到它们具有明显的南北朝石刻艺术风格，表现了石刻艺术的承袭关系。这时的石雕大都雕刻得壮硕丰厚，形神兼备，具有强烈的生命力。

而在唐高宗与武则天合葬的乾陵中，就奠定了唐代宏大的陵墓石刻规模形制。乾陵在陵园南面的外阙门到内阙的朱雀门之间开拓了宽阔的神道。两边依次安设了 1 对华表，1 对翼马，1 对浮雕鸵鸟，5 对带有驭手的石马，10 对石人和 2 座丰碑；在内阙的青龙、白虎、朱雀、玄武 4 座门边各立石狮 1 对；61 座外国酋长石像坐落在南边的朱雀门前；北边玄武门外排列着 3 对石马。以后的唐代陵寝大多沿袭这种布局，只是在石刻数量上有所减少。盛唐时代，是唐代陵墓石刻成熟昌盛的阶段，优秀作品大量涌现，乾陵、顺陵的石狮、翼马、天鹿等，桥陵、建陵的獬豸、石马等，都表现出完善的造型技巧与纯熟的雕刻手法，充分体现了崭新的唐代艺术风貌。这些作品不仅形制宏大（像乾陵的石人像高达 4.5 米，顺陵天鹿用一块高 4.55 米的巨石雕成），而且注重运用块体结构去强化表现力，适度加以夸张，在开阔的山野中，粗壮凝重的石雕动物不会给人丝毫臃肿之感，反而显得那大块丰满的肌肉块体充满了力量与生命，使静止的石像体内涌动起奔腾的狂涛。这正是大唐盛世的宏大气魄与勃勃生机所带来的。

中唐时期的陵墓石刻个体变小，精神魄力也逐渐趋于平和，盛唐时雄浑磅礴的气魄消失了。但也有一些作品仍保持着较高的艺术水平。泰陵和建陵的翼马体态矫健，泰陵的文臣像雍容华贵，建陵的武将勇猛威严，仍不失大唐气韵。晚唐时，自唐顺宗的丰陵以下规模日渐缩小，石刻的形制同样变小，雕刻技艺也一蹶不振，多沿袭前人，但远不能表现出盛时的神韵。只有个别鸵鸟、翼马的装饰意味还比较浓郁。庄陵侍臣的造像比较清秀，尚可一观。

　　中国传统雕刻中很重视线条的运用。这一特色在唐代陵墓石刻中得到了充分的发挥。唐陵石刻巧妙地把用线融化在丰硕的形体之中，有时，几条外凸的弧线就构成了石雕的躯体。这些流畅有力的线刻对刻画细部，增加感染力也起了很大作用。可见唐代美术家对线条运用已到了炉火纯青的地步。因此，唐代石刻中还有一些单纯用线条勾勒而成的艺术品，人们叫它石刻线画。在汉代画像石、南北朝墓志、石棺、造像上都可以见到这种技法，而唐代的石刻线画同样显示出时代特征，值得单独加以介绍。

　　现存最精彩的石刻线画，是陕西乾县唐永泰公主墓中石门、石椁上的石刻。永泰公主是唐中宗李显的第 7 个女儿，名叫李仙蕙，死在唐大足元年（701年），当时仅 17 岁。有人说她是被武则天赐死的。唐中宗复位后，于神龙二年（706 年）将她和她的丈夫驸马都尉武延基合葬在乾陵附近。这个墓工程浩大，装修得十分精美，除去墓室中绘满彩色壁画外，还在石制墓门上刻出宝相花、海石榴、缠枝纹、卷草等花纹和狮子、凤鸟、兽面等形象。门扉上雕刻了 1 个男侍卫官员，头戴幞头手执笏板，躬身守候。墓室中的石制外椁，雕成一座宫殿的形式。上盖刻成瓦脊四阿屋顶式样。四壁用阴线刻出门、窗、鸟、兽、花草及各式侍女。这些宫女们有的捧砚，有的捧盆，有的举着水果、酒壶，有的拱手侍立。有一个女子的手背上站着一只长尾小鸟，用另一只手摆出逗弄鸟儿的姿势，神态悠闲自得，另外有一宫女在观看。还有手持鲜花闻香的女子画像。这些画像可能与墓室壁上画的大队宫人侍女一样，都是表现永泰公主在世时的宫中生活景象。它们不但规模宏大，内容丰富，而且艺术水平极高，造型逼真，神态生动，呼之欲出。画上的宫女容貌端庄秀美，服饰华丽，气派雍容。刻画的线条准确流畅。这些都充分显示了唐代造型艺术的巨大成就。

同为乾陵陪葬墓的章怀太子墓中石刻线画也很丰富。章怀太子是唐高宗的第 6 个儿子，叫李贤，很有学问，曾经和儒学学者一起注释《后汉书》。但由于他与武则天不和，被废为庶人，流放巴州（今四川省巴中市），又被迫自杀。唐睿宗继位后，追谥为章怀太子，重新安葬。这也是一座大型墓葬，在墓道和前后墓室的墙壁上都绘有彩色壁画，其中的"客使图"与"马球图"等都十分精彩。石墓门上刻有朱雀、飞马、蔓草纹、莲花等装饰物。石椁上刻有门窗、云纹和莲花卷草纹样。在东侧的线刻门扉上刻画了两个栩栩如生的男女侍者。

类似这样的墓中石刻线画在长安附近的唐代贵族及高级官员墓中经常出现。如西安东郊出土的苏思勖墓，在石制的墓门上到处都刻有精细的花纹，左门扉上刻有手握长剑的赳赳武将，右门扉上刻有执笏戴冠的彬彬文臣。陕西礼泉的张士贵墓、尉迟敬德墓也有这样的墓门刻画。尤其是尉迟敬德的墓中，除墓门刻画了威风凛凛的挂剑武士以外，在石棺床的四边也刻有野兽、花草等纹饰。那件巨大的墓志盖上还刻了十二生肖、忍冬花、宝相花等大量纹饰，极为美丽。在这些石刻画面上，当初也许还涂上颜色。乾县懿德太子墓中石椁上刻有两个身着全套华丽宫装、头戴凤冠的贵妇人形象，发掘时还残留一些色彩，可能就是当时描绘上的。

在长安南郊发现的韦顼、韦泂两座墓葬，也是石刻线画的宝库，其精美不亚于永泰公主墓。韦顼墓是在新中国成立以前发现的。在墓中石椁上一共有 13 组画面。这些画反映了当时贵族家庭中的妇女儿童生活场面，如贵族女子手执纨扇散步，侍女捧着果盘进献，儿童捕鸟，少女扑蝶及赏玩花鸟珍禽等。韦泂墓是在新中国成立后发掘的，线画也是刻绘在石椁上，内容与韦顼墓大致相同，另外有男仆和侍卫的形象。

这些石刻线画具有极高的艺术水平，能够准确地表现出人物的形貌特征，同时也能很好地表现出人的内在气质与性格，是中国古代人物画中罕见的佳作。画中的贵族妇女，面容丰腴，气派雍容，服饰极为华丽。她们头上梳起高髻，插有贵重的头饰，带着项链。有些侍女身穿一种束腰的翻领长袍，足蹬皮靴，头戴各式皮帽，这就是盛唐时期极为流行的胡服。而手执笏板的男侍从，则显得丑陋猥琐，完全是一副卑躬屈膝的奴才嘴脸。与美丽多姿的众仕女形象恰好形成绝妙的对比。特别要提到的是，这些石刻线画准确地描绘了当时的妇女服装式样，为研究唐代女装留下了十分宝贵的资料。

除去这些陵墓中的石刻线画外，在碑和墓志的装饰纹样上，宗教场所的装饰上都广泛采用线画形式，表现的是宗教宣传和神话故事等。如西安小雁塔曾出土"净土变相"画像石刻，大雁塔的底层石门楣上装饰着佛像、菩萨像、天王像和凤凰等纹饰，以及关中唐造像碑上用线刻表现的供养人图等，都显示了精湛的绘画雕刻技艺。

唐代线画的线条光润匀称，流畅飘逸，有强烈的曲线美与韵律感，从而在继承汉代和南北朝绘画技术、吸收域外文化影响的基础上达到了新的艺术高度。著名画家吴道子的作品以及现存的敦煌壁画、唐墓壁画等都是运用线条的典范。唐代石刻线画的作者们加以创造，运刀如笔，用纤细活泼的柔和线条来表现事物，构图上疏密得当，形成了一种新的绘画风格，并且直接影响了后世的白描画法。这一份表现唐代雕刻绘画艺术成就的宝贵文化遗产，值得人们好好地保护和继承。

## 唐代佛教石刻的辉煌成就

唐代 300 年间，是佛教在全国大普及、大发展的兴盛时期。不仅大、小乘佛教的净土宗、法相宗、密宗、律宗等纷纷从天竺传入中原，而且还兴起了纯中国化的佛教支派——禅宗。据《新唐书·百官志》记载：开元十七年时全国有佛寺 5358 所，僧人 75524 人，女尼 50576 人。而唐末武宗灭佛时，祠部检点天下的寺院与僧尼数量，竟达到僧尼 260500 人的惊人数目。当时拆毁的大小佛寺有40000多所。如此之多的僧人与佛寺，再加上数量更为庞大的佛教信徒，该是一股多么强大的力量。为佛教宣传立下大功的石刻，便以各种形式被这股力量大批制造出来，构成了一个千姿百态的文化奇观。

首先看一下佛教石窟与造像。除去以彩色泥塑和壁画为窟内布置品的敦煌莫高窟、榆林窟、新疆克孜尔石窟、库木吐喇千佛洞等以外，以石刻作为主要装饰手段的最大唐代石窟还得是洛阳龙门石窟。唐代的太宗、高宗、武后至玄宗这100多年间，是龙门石窟开凿的第二个高潮，这时开凿了唐字洞、宾阳南洞和北洞、潜溪寺、敬善寺、双窑、老龙洞、惠简洞、奉先寺、万佛洞、奉南洞、净土堂、龙华寺、极南洞等，在洛阳东山开凿了擂鼓台南洞、北洞、高平郡王洞、看经寺等。此外，还有几百座小窟和数以千计的小型造像龛。留下了数万尊石造像与成千上万的题名题记。

唐代石佛像的雕刻风格与南北朝不同，显得更具生活气息，工匠们以现实生活中的人物为范本，造型准确，神韵生动，尤其是天女等带女性色彩的人物，在唐代艺术崇尚"丰腴为度"的美学观点指导下，塑造得体态丰满，容貌端庄美丽，具有无穷的感人魅力。这时的造像题材比较多样化，除去常见的释迦牟尼、弥勒、阿弥陀、药师等佛像和观音、大势至等菩萨像，还可以看到卢舍那佛、大日如来、优填王、地藏王、千手千眼菩萨等佛像。表明当时的佛教各宗派都纷纷兴起，发挥着自己的影响。

就拿唐高宗和武则天所兴建的奉先寺造像来说。这是一个将山石开凿出凹进去的平面后，再露天雕刻大型造像的宏伟工程，完工于上元二年（675 年）十二月三十日。主尊卢舍那佛像是龙门石窟中最大的一尊佛像，全高 17.14 米。它的面相丰满，五官秀美，神态庄严，气势宏伟，有人说这是依照武则天的容貌雕刻的。佛前的阿难、迦叶两个弟子显得既恭敬又朴实。左右两尊菩萨表情矜持，衣着华贵，显得恬静高雅。而旁边的两位天王像则动态十足，脚下踏着夜叉，威风凛凛。力士像筋骨虬结，肌肉绽出，显得雄壮有力。这是一组龙门唐代石雕的精品，长期以来都被选作龙门石窟的象征。

东山的大万伍佛洞龛中用石刻表现了一座弥陀净土（佛教传说中的西方极乐世界）。石壁下方有一组罗汉群像，由 25 位罗汉组成。这是中国最早的大型罗汉群雕，以后佛教寺院中常塑罗汉像，建罗汉堂，多者可达八百罗汉像，都是源起于此龛中。

玄宗时期修造的看经寺是龙门石窟中最大的一个洞窟。窟中保存了 29 尊高约 1.8 米的罗汉浮雕像，形态各异，生动感人。八作司洞中的主尊一组佛像造型技艺也十分精美，除去一佛、二弟子、二菩萨、二天王和两座狮子雕像外，在佛像莲座和坛身上还装饰了大量的神王、舞女、奏乐的伎人等，这些人物都雕刻得动作逼真，面貌如生。佛的背光制成扁舟形，内层刻了伎乐人物，外层是葫芦形的火焰纹。佛头后面的光华外圈刻有 7 尊小佛像，整个雕塑细腻华丽，具有极高的艺术水平。在龙门还有数以千计的唐代小型窟龛，里面的造像也有不少艺术杰作，如优填王、地藏王、药师佛像以及数量最多的观世音菩萨像和供养人像。观世音像面貌娇美，姿态多样，身上的饰物和璎珞华贵精致，给人们留下深刻的印象。

　　龙门石窟中保存的唐人造像题记数量很大，这都是善男信女们捐钱修造功德后留下的记录。造像人上至帝王高官，下至平民百姓、各行各业。里面有魏王李泰、中山郡王李隆业、豫章公主、南平公主、高平郡王武重规，以及阿史那忠、宇文节、姚元之、丘悦、赵冬曦、高力士等著名人物。这些造像题记中还记录了很多唐代的行会、民间社团、佛教宗派以及中外交通的珍贵史料。它们的书法水平也不可低估，有不少题记可以作为书法范本模楷，著名者有贞观十五年岑文本撰文、褚遂良书写的《伊阙佛龛碑》和开元十五年补刻的大卢舍那像龛记碑。

　　唐代，尤其是唐代前期，北方各地还兴建了一批中小型的石窟以及摩崖窟龛造像。像陕西彬县大佛寺石窟、耀县药王山石窟、山西太原天龙山石窟等。它们也都各具特色，显示了唐代佛教艺术的高妙风貌。

　　谈到唐代石佛像，就不能不提到乐山大佛。在山清水秀的四川省乐山市东面，岷江、青衣江、大渡河三江交汇处，屹立着一座状似卧佛的巍峨山峰——凌云山。山峦西面临江的峭崖上，斩山凿石，刻造了号称世界之最的巨型坐佛——乐山大佛。这尊大佛身高

71 米，肩宽 28 米，头高 14.7 米。仅一只耳朵就有 7 米长。踏在江边石座上的佛足，宽达 8.5 米，一只脚上可以坐几十个人。

根据唐人韦皋所作《嘉州凌云大佛像记》和明代彭汝实《重修凌云寺记》等有关记载：乐山大佛是在唐玄宗开元初年（713 年）开始兴造，至唐德宗贞元十九年（803 年）才全部完工，一共建造了 90 年之久。关于这尊大佛的建造，曾留下了一个动人的传说。刻佛的发起人海通和尚，为此四处募集经费，经多方劝化，才筹集了一笔"佛财"，开工建造。但是当时郡中的贪官想借机敲诈，便找海通法师索要财物。海通听说后，愤怒地说：即使把我的眼睛挖出来给你们也行，但是佛财决不能动。贪官们威胁说：那么你就挖出眼睛来。哪料到海通法师立即将自己的眼睛挖了出来交给他们，吓得这些贪官污吏们再也不敢打佛财的主意了。海通舍眼护佛的精神激励着乐山人，经过几十年艰苦努力，终于完成了这尊世界上最大的石雕佛像。从唐末至今 1000 多年来，这尊弥勒坐像恬静庄重地坐在滔滔江水边上，慈祥地注视着祖国山河。它集中体现了唐代佛教艺术的成就和唐代石刻匠人的聪明才智，是中国古代石刻中一件瑰丽奇观，也是新确定的全国重点文物保护单位。

造像碑盛行于北朝，但唐代前期仍在北方各地有所修造。现在尚存的唐造像碑中，山西省博物馆收藏的一件涅槃变碑像最引人注目。这件武周天授二年（691 年）雕刻的造像碑，是一套美丽动人的佛传故事连环画。碑身正面顺序刻画了佛祖释迦牟尼临终时告诫门人，佛祖涅槃、门人把释迦送入棺木，送葬火化等6幅画面，碑阴接着刻画了印度八王分佛舍利和起塔供奉的场面。这套浮雕画具有很高的史学和艺术价值。造像碑以外的一些佛教石刻，如塔刹、舍利盒、佛座等也都雕刻得十分精细，成为不朽的艺术名作。

唐代佛教石刻的新创造是树立在寺院中的经幢。这是一种造型优美的石刻艺术品，大约在唐代初期开始出现。幢完全是由印度传来的佛教用品，梵文称为"驮缚若"，汉译名简化为幢。它原来是一种用丝帛制成的伞盖。鲁迅先生有句诗是"运交华盖欲何求"。华盖就是这种幢。它中央是一根长杆，上端支着伞面形状的幢，顶端有如意宝珠。根据《佛顶尊胜陀罗尼经》的说法，佛告诉天帝说，把陀罗尼经写在经幢上面，那么在幢影笼罩下的人就能免除一切罪业。因此佛教徒们就纷纷制作幢，送到寺中悬挂在佛前作为功德。以后发展成用石料刻制，外形仿照丝帛制作的经幢。幢身是八面体立柱形，上面雕刻经文和佛像。底部有莲花座。幢顶刻成宝盖，有模拟丝织品的飘带、垂幔、花绳等，上面往往刻一个模仿木构件建筑屋顶的尖顶，顶端托着火焰宝珠。唐代的经幢大多只有1～2层幢身。以后五代和宋的经幢发展得更为优美，结构更复杂，雕刻技艺也更成熟，是经幢制作的高峰时期。河北赵县的北宋宝元元年（1038年）经幢，高达15米以上，有3段幢身，3层宝盖，3段幢顶。底层为6米直径的须弥座。整个经幢比例匀称、结构合理、外形線條優美多變。全幢雕刻滿了精細的優美紋飾和佛教人物故事，具有很高的藝術價值，是經幢的典型代表。上海市松江縣松江鎮的唐大中十三年（859 年）經幢，是唐經幢中的佼佼者，高 9.3 米，由 21 層構件組成，遠望去如一枝蓮苞亭亭玉立。

在眾多的隋唐佛教石刻文物珍品中，最有名、數量最浩大的要數北京雲居寺的房山石經。它是自隋大業（605～617 年）年間開始，歷經唐、五代、遼、金、元、明各朝代，長達千年之久的一項巨大石刻工程。現在從雲居寺的 9 個藏經洞及山下藏經穴中，共清理出歷代所刻經碑、經版等共 15061 件，其中包括佛教經典 1025 種、900 多部、3000 多卷。房山石經與柬埔寨的巴利文石刻小乘佛經是世界上最大最全的兩部石刻佛經，對於宗教、文化的研究工作都具有無與倫比的價值。

房山石經山在隋代已經有寺院存在。大業年間，幽州智泉寺的著名僧人靜琬禪師鑒於北魏、北周兩次滅佛的慘狀，發願用石料刻寫一部佛經，以保存佛教典籍。於是，靜琬移居雲居寺，募資開工刻經，至唐貞觀十三年（639 年）靜琬去世時，這裏已刻完了《法華經》、《華嚴經》、《涅槃經》、《維摩經》、《金剛經》等常用經典，存放在山上的雷音洞中。雷音洞中現存 4 根八角形石柱，石柱的各面都雕有精細的佛像，共達 1056 軀，專家確定它們是隋代的遺物。洞壁上嵌著靜琬最初刻寫的 146 塊經石，證明這裏是房山石經最早的一個藏經洞。

静琬去世后，他的弟子们继承了刻经事业。在幽州地方官吏和皇室的资助下，加上各界人士的捐款，使石经的刊刻一直持续下去。唐开元十八年（730年），唐玄宗的妹妹金仙公主曾送佛经 4000 余卷做石经底本，资助刻经。至天宝十三年（754 年）已经将《摩诃般若波罗蜜经》、《大方广佛华严经》、《大般涅槃经》等重要经典刻完。以后虽然有安史之乱、藩镇割据等政治动乱，但刻经事业始终没有停顿，至唐代末年，已经将《大般若经》刻至 520 卷。有唐一代，共刻写了石经 400 多万字，陆续安放在山上各个密封的藏经洞中，里面新发现的唐玄宗《御注金刚般若经》一部，体现了李氏王朝注重宗教，融合儒、道、佛三教为自己的统治服务的思想，十分重要。李唐皇室对刻经很关心，现在石经山顶上尚存有著名的唐代金仙公主塔，塔上的浮屠铭记述了金仙公主资助刻经，施舍庙产的情况。

五代时期由于战争频繁，刻经工程陷于停顿。但在辽代很快便恢复起来，并且有了很大成就。辽代各帝王都崇尚佛教，便大力出资支持刻经。辽圣宗时补刻了《大般若经》，辽兴宗赐钱，以契丹藏为底本，刻写了《大宝积经》、《陀罗尼集经》、《放光般若经》等 656 卷经文，共达 1000 多件碑石。以后房山石经的刊刻工程逐渐转为靠僧徒募捐。仅辽代的通理法师一人就募化刻写了《首楞严经》、《大智度论》等 443 卷经典。现在清理房山石经的工作中，发现历代捐资刻石的信徒题记 6051 则，其中明确注出唐代纪年的有 354

五
隋唐雄风

147

则，辽代纪年的 919 则。这些捐资的有幽州城里的各
行各业人士，如绫帛行、白米行、肉行、生铁行、杂
货行等，还有各级官员。平民们为造石经自发组织的
邑社团体也比比皆是。这些题记对于了解古代的经济、
社会状况等具有重要的参考价值。以后，金代和明代
的刻经便逐渐减少，后来只有少量零散的补刻了。

辽、金时代的主要刻经都存放在云居寺西南压经
塔下的地穴中。压经塔是一座八角 11 层的密檐式塔，
高约 5 米多。在它前面建有一个砖砌的地穴。地穴南
北长 19 米，东西宽 10 米，深达 5 米。地穴分为南北两
部分，中间隔了一道土墙。南半部中纵横交错放置着
刻好的石经，北半部则有顺序地依次排列石经经版。
看来北半部放置在先，比较规范。这个地穴中共放有
经版 10082 件，是房山石经的主要存放地点，也是中
国古代石刻中最大的一批收藏。1956～1958 年间，中
国佛教协会等单位对这批石经进行了全面的发掘和整
理工作。此后，国家又专门对它加以保护，维修了云
居寺，并确定房山石经为全国重点文物保护单位。现
在，有关专家正在陆续整理出版房山石经的材料，使
这一佛教石刻宝库在世界文化史上永放光芒。

在唐代的石刻佛经中，还应该提到四川省安岳县
卧佛院的佛经摩崖。这处佛教遗迹是西南地区唐代佛
教艺术的代表，也被确定为全国重点文物保护单位。
卧佛院藏经洞共有 15 个洞窟，在洞壁上集中镌刻着
《大般涅槃经》、《法华经》、《妙法莲华经》、《大方便
佛报恩经》、《般若波罗蜜多心经》等 16 部常用佛典。

另外还刻写了一种《大唐东京大敬爱寺一切经论目序》。总字数达 260468 个，均用楷书工整刻写。根据刻经题记的年月可知，这批佛经大多是在唐开元（713～741 年）年间刻写的。它们对佛教史的研究和佛经版本校勘都起了重要的参考作用。

# 六  宋辽金元的碑刻

## 独具特色的宋代题记与图碑

锦绣中华的万里江山中，有无数奇妙动人的风景名胜。俗话说：无山不奇，无水不秀。好山好水、奇峰大川之间，有多少美丽的景色使人们流连忘返。而当您沉浸于气象万千的大好风光中时，您一定不会忽视这些名胜中的各处山崖上刻写的历代游人题记。这些笔迹多样的摩崖题记，不仅为名胜景观增添了浓郁的历史人文色彩，而且还是可贵的历史资料库。

在游览胜地等处留下石刻题记，或赋诗，或作文，或题词，表达游人的心情，这是文人雅客喜爱的做法。从汉代起就有了这种题记的习惯。但是最为盛行的还是儒家文化发达的宋代社会。现在各地著名的题记集中地点内，都以宋代以下的题记题名为主。下面，我们就简单介绍几处重要的题记石刻。

位居湘江上游的湖南省祁阳县境内，山河壮丽，风景秀美。在浯溪水与湘江汇合的地方，江边崖壁上保存有唐宋以来历代名人的书、画、诗、词等题记石刻 486 件。这里面有元友让、皇甫湜、黄庭坚、秦观、李清照、米芾、范成大等著名文人的手迹，具有重要的文学艺术价值与历史意义。1988 年，国务院确定浯溪摩崖石刻题记为全国重点文物保护单位。

　　追溯浯溪题记的历史，要从唐代中期说起，唐代宗时，著名文学家元结从道州刺史（州治在今湖南道县附近）任上卸职回来，途经浯溪，被这里的风景迷醉，便定居此处，并在大历二年（767 年）撰写了《浯溪铭》、《峿台铭》、《峍庼铭》等短文，请人用篆书刻写在石崖上。大历六年（771 年），元结又将自己撰写的《大唐中兴颂》一文，请著名书法家颜真卿手书，然后镌刻在浯溪的江边崖壁上。这件石刻字体气势雄伟，文章感情激昂，加上山石奇特，被后人称做"摩崖三绝"。

　　由于唐代名人留下了这么多遗迹，浯溪便成为一个文人墨客游玩的好地方，游过后必留题记。这里有北宋著名书画家米芾的《浯溪诗》、黄庭坚的《书摩岩碑后》，以及《大宋中兴颂》等许多著名石刻。甚至还有越南国的使者留下的题刻。浯溪石刻不但兼具篆、隶、楷、草等各种书体，是中国书法艺术的珍宝集萃，而且史料丰富，是中国摩崖题记中的上品。

　　宋代以来，福建省的泉州成为中国重要的对外贸易海港。南亚、西亚的各族商人都来这里经商。宋朝的海外商船队也每年都从这里开赴南洋等地。为了祈求顺风顺水，平安往返，宋代泉州的地方官员每年都要率领管理贸易的市舶官员和商贾们来到城外现南安县境内的九日山上举行祈风仪式。九日山峰险林茂，是游玩的好去处。所以，这些官员在祈风后，往往要观玩一番，在山石间留下题记。现在这些峰峦间还保存有从北宋崇宁三年（1104 年）至南宋咸淳二年（1266 年）100 多年间的大量祈风题记石刻，这些题记中留下姓名的人数达 250 人，其中著名的人物有宋代的蔡襄、苏才翁、虞仲房、赵汝茂等。在南宋淳熙十五年（1188 年）的石刻题记中记录了市舶司每年在夏四月和冬十月两次祈风的事实。说明船队每年随季风冬季出海，夏季返回的规律。祈风题记是一批了解宋代海外交通情况的珍贵资料，为中国古代与亚非各国的海上商贸往来提供了实证。因此，1988 年国务院公布九日山摩崖石刻为全国重点文物保护单位。

广西桂林"山水甲天下"，自唐代中期以来便成为著名的风景胜地。大文学家韩愈曾以"江作青罗带，山如碧玉簪"来概括桂林水清山奇的特色。桂林的各处风景点中都留下了历代游客的大量石刻题记，现在统计，大约有 2000 件。这些内容丰富、书迹多彩的石刻，为秀丽的桂林山水更增添了几分神韵。

桂林七星山瑶光峰脚下的龙隐岩，冬夏宜人，岩上布满石刻题记。明代人称它"壁无完石"。题记中一多半是宋人的留迹。最著名的是这里留有全国唯一的一块《元祐党籍碑》。这是宋代变法斗争的铁证。北宋崇宁四年（1105 年）宰相蔡京借口元祐（1086～1093 年）年间执政的保守派人物结党乱政，将司马光、文彦博、苏轼等 309 人列为元祐奸党，实际上是打击自已的政敌。宋徽宗听信蔡京，亲笔书写了为首的98个人名，刻石立在文德殿东，然后又让蔡京书写了全部309人名，命令全国各军、州都依照原样刻石立碑。凡列名于碑上的人，已死的削去官职，活着的流放贬官。但由于反响太大，在立碑的第2年又下诏命令全国各地毁去此碑。龙隐岩上刻的这件《元祐党籍碑》是列名碑上的梁焘后代仿照原碑重刻，作为纪念的。这里还留有米芾、黄庭坚、石曼卿等文人的题记、题诗等。此外，还珠洞、芦笛岩、宝积山、独秀峰、普陀山、七星岩、叠彩山等名胜佳境都留有大量历代题刻。南溪山上的宋人赵夔《桂林二十四岩洞歌》、普陀山上的宋李彦弼《湘南楼记》、七星岩上范成大的《碧虚铭》、隐山北牖洞中陆游题字《诗境》、象鼻山南宋诗人张孝祥的《朝阳亭诗并序》，范成大的《复水月洞铭》、虞山的朱熹《虞帝庙碑》等，全都是十分珍贵的重要石刻。

　　各地名胜中的这种题名题记比比皆是，著名的五岳、黄山、庐山等地不说，随手列举，就有江苏连云港龙洞、镇江焦山，浙江丽水南明山、青田石门洞，河南登封嵩阳宫，江西赣州通天岩，福建福州乌石山、漳州龙洞岩、湖北襄阳岘山、湖南零陵朝阳岩、华严岩、衡山水帘洞，广东肇庆七星岩、英德南山、德庆三洲岩等有名的题记集中地。名人手迹点缀着山川秀色，成为中国风景名胜的特有人文景观。

　　在众多的石刻题记中还有一些涉及自然科学的重要题刻。四川涪陵市境内长江中的白鹤梁石鱼题刻就是其中的突出代表。白鹤梁是一条与江流平行的天然石梁，长约 1600 米。由于石梁低矮，在夏秋之季便被洪水淹没。每逢枯水季节便露出水面。古代的人们便在江水淹到的地方刻下石鱼，来表示不同年份、不同季节里的水文情况。现在共有不同时代的石鱼 14 尾。人们观察不同高度的水文情况时，留下题记刻铭，以后又有游览的题名。这些题刻从唐广德二年（764 年）开始，宋代最多，一直持续到清代，共计 163 段，达 3 万多字，在这批题刻中详细记录了历代石鱼的出水状况。由于长江水位的高低与来年川中地区农业的丰歉有密切关联，所以人们也在记录石鱼水位的同时记录了当地农业情况。这些科学资料记录了长江涪陵段 1200 年中的 72 次枯水情况，不仅有助于科学史研究，而且对今天长江水利工程的规划建设具有参考意义。经现代科学水位测量，清代康熙二十四年（1685 年）刻的一对石鱼，眼睛所在海拔高度为 137.91 米，与当代水位标尺零点的海拔高度几乎一致，显示出这些石鱼标记具有相当精确的科学性。而在这对石鱼稍下一点，有一条可能是唐代的线刻石鱼，说明唐代时的记录就很精确了。白鹤梁题刻不仅具有重要的历史价值与科学价值，而且包含有真、草、隶、篆各种书体的佳作，还有黄庭坚、朱熹等名家手笔，刻工精湛，虽然长年没在江水中，仍保存完好，有"水下碑林"之美誉。也是一处全国重点文物保护单位。

宋代的碑石墓志大多因循唐代的形式，变化不是很大，自然，其中包含了很多重要的史料，限于篇幅，这里不多介绍了。但是在宋代碑石中，有一种新出现的图碑，值得单独说明一下。

图碑，就是将地图、天文图以及其他一些专用图表刻在石碑上，达到长期保存，广泛流传的目的。这在印刷术尚不发达的古代颇有实效。宋代虽然印刷术已十分完善，但仍刻立各种图碑，看来是它的宣传效果更好、更方便。

中国绘制地图和天象图的历史十分悠久。现在能见到的早期实物就有甘肃天水放马滩战国墓出土的秦国木板地图、长沙马王堆汉墓出土的西汉帛画地图、星图等。但是刻在碑石上的，还要数五代与宋代的作品。现存苏州市碑刻博物馆中的南宋著名图碑《地理图》、《平江图》、《天文图》等，就是宋代图碑的突出代表作。苏州文庙这座始建于北宋，经明、清两代重建的建筑，也因藏有南宋图碑而被确定为全国重点文物保护单位。

平江图碑是中国现存最早、最详细的古代城市图。原刻于南宋绍定二年（1229 年）。全碑高 2.84 米，宽1.4 米。碑身正面刻了南宋平江府城（今苏州城）的平面图。图四边刻有"东、西、南、北"4 字注明方向。平江图的绘制方法仍是中国传统的绘图方法，街道、河流等用线条表示，城墙、建筑物等采用平面和立体相结合的方法绘出。图没有严格的比例，只是大体位置相似。城内有纵向河道 6 条，横向河道 14 条。城中的街道大多与河平行，有南北主干道 5 条，东西主干道 4 条。图中还详细画出了官衙、寺庙、园林、教坊、行市、仓库、书院、桥梁和私人宅第等，甚至城外的一些名胜古迹也用示意图形表示出来，极为明了。在国内其他地方也还可以见到与平江图相似的地图碑刻。如广西桂林鹦鹉山崖上的南宋咸淳八年（1272年）静江府城防图石刻，将静江府城（今桂林）的范围和各种城防工事清楚地刻画出来。使我们在今天仍能了解到当时城市防御作战的情况。

苏州的天文图碑是南宋淳祐七年（1247年）刻成的。原图为大臣黄裳绘于绍熙元年（1190年），进献给宋光宗，供教学使用。这座碑高1.9米，宽1.08米，碑上半部为星图，下半部是释文。星图以北极为中心，分天体、地体、北极、南极、赤道、日、黄道、月、白道、经星、纬星、天仪、十二次和十二分野等部分，共刻有1440颗星。它反映了北宋元丰（1078～1085年）年间的天文观测成果。国际天文学界对此碑予以极高评价，认为它反映了当时天文学的最高水平，很多国家专门介绍了这座图碑，为华夏儿女的聪明才智作了很好的宣传。

地理图碑也是淳祐七年同时刻制的。它同样分为上图下文两部分。图中详细绘制了宋朝疆域内的地理情况。山脉、江河、森林、长城，以及各路、军、府、州的地理位置都绘制得很清楚。地名外加长方框、水名外加椭圆框、山脉作立体图形等绘图方法都表现出当时成熟的地图绘制技术。这样的大型地图碑在当时可能十分普及。宋人王象之的《舆地纪胜》一书中列举了各州碑目，后面都附有图经。由此推测，当时各州都有地图碑刻，可惜留存下来的不多。现在陕西西安碑林中保存有伪齐阜昌七年（1136 年）刻制的《华夷图》与《禹迹图》碑，江苏镇江保存有《禹迹图》碑。这是硕果仅存的几件宋代全国地图。

《华夷图》的原本是唐代贾耽在唐贞元十七年（801 年）完成的《海内华夷图》，宋代又作了一些修改和省略，但仍可以说是现存年代最早的一幅全国地图。图中基本反映了全国的山河州镇分布情况，但海岸线和河流源头的位置都还不够准确，邻国名称也多有简省。《禹迹图》的准确性比较高。它采用了方格网绘图方法，一个方格折合一百里。图中大江大河的流向、湖泊位置、海岸线轮廓等都十分准确。但由于它偏重于水系，山脉和城邑没有采用符号标注。现代学者根据图中黄河在河北入海的情况，判断它描绘的是北宋庆历八年（1048 年）黄河在河南濮阳决口后转向北方的新河道，由此认定它是宋代的作品，有人说它是宋代著名科学家沈括绘制的。《禹迹图》在地图史上具有重要的地位。科学史家们称赞它是当时世界上最杰出的地图作品，其准确性无与伦比。

## ② 珍贵的少数民族文献

宋代时，各少数民族陆续在宋朝疆域四周建立了自己的政权。北方有契丹族的辽国、女真人的金国、党项人的西夏国，以及蒙古等。西南有吐蕃、大理等各国。这些少数民族政权都或多或少地吸收了中原汉族的先进文化。有些民族还在汉字的基础上制定了自己的文字，如契丹文、西夏文、女真文等。有些民族政权就直接使用汉字，如大理国等。刻写石碑的做法自然也随着汉文化的传播而流入各民族国家，从而为这些民族保存下了一批珍贵的文献资料。

相传在辽太祖耶律阿保机的神册五年（920 年）就参照汉字创造了契丹大字，这是利用汉字一样的笔画结构来表达契丹语音的文字体系。稍晚些时，又改进为契丹小字。这两种写法在辽代一直并存。金代明昌二年（1191 年）才下令禁止使用契丹字。由此，契丹文字的写法、读法便失传了。

幸亏有契丹文石刻存在，才使人们重新开始研读这种死了的文字。近代以来，在内蒙古自治区、辽宁省、河北省等地陆续出土了一批珍贵的契丹文石刻。其中包括辽兴宗、辽道宗及其皇后的哀册，辽代贵族的墓志以及辽太祖纪功碑、大横帐兰陵郡夫人造静安寺碑等契丹大字碑刻。特别有意思的是在陕西乾县乾陵出土的无字碑上，有金代天会十二年（1134 年）刻上的一则《大金皇帝都统经略郎君行记》，用契丹小字刻写，并附有逐字对译的汉文，从而成为释读契丹小字的重要依据。近年来，民族学研究者们依靠这些石刻材料深入研究契丹文字，在释读拟音等方面都取得了不少成就。

女真族原来是以牧、猎为生的原始部族，长期受契丹人统治。金太祖完颜阿骨打统一了各部落，领导各路兵马起兵反辽，大获全胜后建立了金国。大定二十五年（1185 年），金世宗来到当年阿骨打誓师出征的旧址，感慨良久，便将这里改名得胜陀，并且建碑纪念。这座碑就是后来被公布为全国重点文物保护单位的著名石刻——《大金得胜陀颂碑》，现在仍立于吉林省扶余市石碑崴子村东的得胜陀旧址上。它也是现存女真文字最多的一件碑石。碑高达 3.3 米，上有盘龙碑首，下有龟趺，与中原的碑外形完全相同。碑正面刻汉字碑文，背面刻对译的女真文字。碑文中追述了金太祖起兵的经过，赞颂了先帝的功勋，内容丰富，仅对译的女真文便有 1500 多字，留下了一份宝贵的女真文字资料。

女真文字也是参照汉字创造的一种文字。据说是由完颜希尹与叶鲁等人在金天辅三年（1119 年）创造了女真大字，以后金熙宗完颜亶又制作了女真小字。但是现在能见到的女真文字材料很少，石刻中只有女真文碑 7 座、摩崖 3 件。而且这些材料中的女真字都是同一种写法。有人说它们是女真大字，有人说是女真小字，至今还没有定论。除《大金得胜陀颂碑》外，开封市博物馆中的金正大元年进士题名碑、吉林海龙县、朝鲜庆源郡、内蒙古呼和浩特万部华严经塔等处的女真文题记等，都是罕见的女真文字资料。顺便提一下十分重要的明代《奴尔干都司永宁寺记碑》。这件证明中国在明代就对黑龙江下游、乌苏里江流域和库页岛等地拥有主权的宝贵文物，正面刻汉字，背面用女真文和蒙古文刻写，此碑上女真文的语法已接近清初的满文，也是女真文向满文演变的重要资料依据。

　　今日的甘肃、宁夏一带，在宋代属于党项民族建立的西夏王国，遗留了不少珍贵的西夏文物。宁夏银川市西贺兰山东麓的西夏王陵区、甘肃武威市文庙中的重修护国寺感应塔碑等，都名闻遐迩。1961 年就被公布为全国重点文物保护单位的重修护国寺感应塔碑，是现存最完整、内容最丰富的西夏文碑刻，对了解西夏文化具有重要的价值。

　　这座碑的外形并不突出，高 2.5 米，宽 0.9 米，半圆形碑首上只刻了两位伎乐菩萨和云头华盖。碑的正面刻写了近 2000 字的西夏文碑铭，背面是汉文，但两种文字不是逐字对译的。碑文中记录了凉州城（今武威）内护国寺佛塔在西夏天祐民安三年（1092 年）的地震中倾斜、西夏皇太后和皇帝下诏重建的经过，还反映出许多史籍中找不到的西夏社会文化状况。碑额用西夏文篆书刻写，它与楷书碑文都是西夏文字的珍贵资料。西夏文字是在广运三年（1036 年）由李元昊颁布使用的。西夏灭亡后，党项人的后裔直至元、明两代时还在使用西夏文字。著名的北京居庸关过街塔门洞中、敦煌莫高窟六字真言碑上都有元代人留下的西夏文石刻。1962 年，河北保定市郊韩庄出土了两座明弘治十五年（1502 年）立的石幢，铭文都用西夏文字刻写。建幢人刻在幢上的姓氏大多是党项族的贵族大姓，如"嵬名、平尚、索那"等。但到了清朝，西夏文字便迅速消亡，无人能够识写了。直至近代，随着敦煌藏经洞中西夏文卷子等大量西夏文献的出土，学者们才重新开始释读西夏文字，并且取得了很大进展。自然，西夏文石刻在其中也起了相当重要的作用。

云南白族段氏建立的大理国在西南延续了 300 多年，至今仍在云南曲靖县、姚安县、剑川县、大理市等地留有重要的文物遗迹。最有名的大理国段氏与三十七部会盟碑，清代康熙十八年（1679 年）在曲靖城北的旧石城遗址出土。这就是当年段氏政权的三军都统长皇叔布燮段子琮等人平定了滇东叛乱后，与"东爨乌蛮"的 37 个部落订立盟约的故地。这座碑全部用汉字书写，全长 1.25 米，宽 0.58 米，立于大理段素顺明政三年，即宋开宝四年（971 年）。碑文中记载了当年盟约签订的经过，记录了给各部落"颁赐职赏"的史实。碑文下部有参与盟誓的职官题名，这些史料都是历史文献中没有记载过的，因此就更加珍贵。

大理国的著名石刻还有楚雄县薇溪山上的《护法明公德运碑赞摩崖》，这是大理国段正兴大宝十年，即南宋绍兴二十八年（1158 年）刻写的。铭文中赞颂了大理国重臣高量成的功德。高量成的曾祖高升泰曾经从段氏手里夺取了政权，传至高量成的父亲高泰明时，还政于段氏。高量成还平定过三十七部的叛乱，晚年退居楚雄，从而得到人们的赞颂。为高氏立的碑还有姚安县内的《兴宝寺德化铭》。这件立于大理元亨二年（1186 年）的名碑书法苍劲挺拔，文体典雅。它们都是重要的大理国历史文物。

除去各少数民族政权留下的石刻文物外，在宋朝的疆域内也有很多用少数民族文字及外国文字书写的石刻遗留下来。一直到元代，乃至明、清时代都有这种石刻文物。其中在今日福建省泉州市一带出土的大量宗教石刻尤为重要，北京西郊传教士墓地中的大批明、清外国传教士墓碑，包括利玛窦等在中国历史上有过影响的著名人物碑记，也颇具价值。

泉州宗教石刻的内容十分丰富多彩。在宋元时期，中国通过海路交通进行的对外贸易十分频繁。交往的对象有东南亚、中东、北非等地区的各个民族与国家。泉州在当时是中国对外交往的重要海港枢纽，每年都有大量外国客商来到这里，有很多外国人甚至在此长期居住。这些来自世界各地的客商也把他们信奉的宗教带到中国来，并且在泉州修建了各种宗教神庙，至今仍遗存有大量重要的文物。这些宗教石刻根据当时使用者的各种宗教信仰可以分为伊斯兰教、景教（古代基督教的聂斯脱里教派）、印度婆罗门教、佛教、摩尼教和道教等不同类别。对于了解当时泉州的对外交往状况及宗教情况等具有重要的作用。

泉州保存的伊斯兰教石刻主要有墓碑、墓顶石、石墓以及礼拜寺遗址中的壁龛石刻等。最多的是伊斯兰教徒们的墓碑。它们和汉族使用的传统墓碑外形不同，顶部大都制成一种双重弧线形成的尖拱，好像清真寺的拱顶，具有典型的阿拉伯文化色彩。墓碑有横、竖两种，碑的正面刻写阿拉伯文的铭文，也有少数墓碑在碑的背面刻上汉字铭文。部分碑石还采用波斯文、突厥文等文字。伊斯兰教石刻中的阿拉伯文书法种类很多，有古老的库法体、三一体，也有方体、波斯体、花体及草书等，可以称得上是一个阿拉伯文书法的大展览。一般碑文只记载死者的姓名和卒日，附有一些《古兰经》的语句。如1956年在泉州通淮门外出土的一方墓碑，铭文译文是："人人都要尝死的滋味。艾哈迈德·本·和加·哈吉姆·艾勒德死于艾哈迈德家族母亲的城市——刺桐城，生于692年（回历），即龙年，享年三十岁"。但是这些碑文已足以反映当时泉州居住的穆斯林情况。在江苏的扬州市等地，也出土过类似的阿拉伯文墓碑，但为数不多。伊斯兰教徒的石墓往往用一整块大的花岗石刻成，平面是长方形的，下面有须弥式的基座（一种上下凸出，中间束腰形式的古建筑基座）。墓顶一层层内收，有些像金字塔形状，最顶层是尖拱形的墓顶石，雕刻有云朵和新月图案。下面一层的侧面用阿拉伯文刻上墓铭。现在泉州东郊的"圣墓"最有名，据传说这是伊斯兰教创始人穆罕默德的两位门徒的陵墓。《闽书》记载：唐武德（618～626年）年间，穆罕默德派他的四个门徒来中华传教，一位在广州，一位在扬州，第三位沙仕谒和第四位我高仕在泉州传教，去世后就葬在这里。现在墓后的石回廊中还保存有5件历代名碑。其中有一件元至治二年（1322年）的阿拉伯文石碑，记录了这两位贤人的事迹。还有一件明代永乐十五年（1417年）郑和下西洋时，途经泉州，来此墓祭祀时留下的中文碑刻，对中外交通史的研究很有帮助。壁龛石刻大多嵌在礼拜寺石墙上的尖拱形壁龛中，内容是用古阿拉伯文刻写的《古兰经》经文。泉州清净寺西侧保存有宋、元时的伊斯兰教奉天坛遗址，这里还留有大量的壁龛石刻。根据寺内的古阿拉伯文石碑记载，这座清净寺建于北宋大中祥符二年（1009 年），元代至大二年（1309 年）时，又由耶路撒冷人阿哈玛重修。是中国现存最古老的伊斯兰教清真寺之一，这里的壁龛石刻也都是当时刻写的。

现在泉州留存的古代景教徒石刻遗迹有墓碑和墓顶石两种。由于外来的景教徒主要是西亚等地的居民，所以他们的碑石外形与阿拉伯伊斯兰教徒的墓碑相似，也是顶部刻成尖拱形。不同的是他们的墓碑、墓顶石上都刻有十字架。这些十字架用莲花或云朵承托着。有一些墓碑还在十字架两旁刻上带翼的天使图案。景教徒的碑铭用古叙利亚文刻写，这是另一个明显的不同之处。

印度婆罗门教留下的石刻遗物主要是寺庙建筑中的石刻浮雕等。最著名的是现存泉州开元寺大雄宝殿后廊上的两根青石柱。在它们的柱顶、柱中央和柱脚等部分刻绘了印度、锡兰等地流传的神话故事图案。据考证，这些石柱是元代的作品。泉州天后宫中也有两根同样的石柱。开元寺中还建有两座婆罗门教风格的小石塔，是南宋绍兴十五年（1145年）建造的。这些石刻都十分精细，具有浓郁的南亚文化风貌。在 1934 年，泉州南门还出土过印度教的毗湿奴神石像。这一切都表明，宋元时期泉州城内有过十分宏伟壮观的印度教庙宇。盛况可能不比伊斯兰教逊色多少。

最为难得的是泉州城外、晋江县万山峰的草庵内有一尊国内仅存的摩尼教佛像摩崖雕刻。这尊造像与任何佛、道造像都不一样，佛披发垂肩，背后有照向四方的曲线毫光，全高约 1.52 米，历代相传这叫做"摩尼光佛"，刻于元代至元五年（1339 年）。摩尼教由于一直被封建统治者查禁，宗教遗物极为罕见。这件珍贵的石刻对了解摩尼教在南方的传播情况和深入研究摩尼教历史都具有重要的意义。

至于中国普遍流行的佛教与道教，在泉州传播得更广泛。宋元时期的佛教石刻遗物主要是佛像与经幢。泉州金井西资寺中，有建于南宋绍兴十八年（1148年）的三尊石佛像。中央一尊如来像高达 4.5 米。承天寺内，有宋代佛塔、经幢等。在清源山的弥陀岩等地，还有不少宋元时期的石刻佛像。如弥陀岩的阿弥陀佛立像，高达 5 米，赤足踏在莲花座上，面相慈祥平和，是泉州造像中的上乘佳作。晋江县的南天禅寺还有摩崖雕刻的阿弥陀佛、观世音菩萨和大势至菩萨像，建于南宋嘉定（1208～1224 年）年间。南安县桃源宫中保存有北宋天圣三年（1025 年）制造的石经幢，高约 7 米，分为 7 层，上面刻写了《尊胜陀罗尼经咒》和佛像、飞天等纹饰。

到泉州游览的人，都不会错过机会去清源山看一看著名的老君岩造像。这是一尊由整块天然岩石刻成的太上老君坐像，高 5.1 米，长 7.3 米。它刻绘的技艺水平很高，充分表现了道教先祖从容安乐、清静无为的精神面貌。远望去，老君大耳垂肩，长须垂腹，倚着几案随意席地而坐，给人一种安详舒适的感觉，确实不愧为国内道教第一石雕。宋代时这一带是道观集中的地方，传说有北斗殿、真君殿等建筑，但可惜现在全都不存在了，只留下这座高大的老君造像还能使人们联想起当年道教的繁华景象。1988年，国务院公布第二批全国重点文物保护单位时，老君岩造像也被确定在内，这是当之无愧的。

既然来到泉州，顺便就提一下泉州闻名天下的北宋石桥——洛阳桥（原名万安桥）和桥周围的著名北宋石刻。

洛阳桥是中国著名的梁式石桥，北宋皇祐五年（1053年）由泉州太守蔡襄提倡开工修建，嘉祐四年（1059年）竣工，现在仍保存完好。据实测，桥长784米，宽5至7.5米，有桥墩29座、桥板148条。桥上有石刻武士4尊，石塔5座，石亭1座，根据记载，原有石塔9座，石亭3座。加上桥周围的蔡襄祠等处所存碑刻，形成了一个丰富多彩的石刻博物馆。特别要提到的是蔡襄祠中存有蔡襄自己撰文并书写的《万安桥记》碑。它不仅是记录洛阳桥历史的重要文献，而且文辞精湛，书法遒劲，刻工精致，被人们称为"三绝碑"。在桥中石亭附近，也有不少历代石刻题记。

元代的碑刻中，有相当数量的采用蒙古文字书写。这是蒙古民族文化历史的一批奇珍异宝。最早的蒙古文字叫做畏兀字，是成吉思汗时代利用畏兀（即回鹘人）文字字母来拼写蒙语的一种文字写法，从上向下直写。现存最早的蒙古畏兀字碑是在俄罗斯圣彼得堡博物馆中保存的《移相哥碑》，又叫《成吉思汗石》，刻于元太祖二十年（1225 年）。它记录了成吉思汗的侄子移相哥在宴会上射箭的经过。国内保存最完整的蒙古畏兀文碑，是云南省昆明市筇竹寺中的《云南王藏经碑》，刻于元至元六年（1340 年）。此外还有内蒙古自治区翁牛特旗的《张氏先茔碑》和《竹温台碑》，甘肃省武威市的《西宁王忻都公神道碑》等，这些碑文都是蒙、汉两种文字对照的。在蒙古人民共和国境内也留存有一些畏兀文碑，如额尔德尼昭的《兴元阁碑》等。这些仅存的畏兀文碑刻对了解元代历史，尤其是对研究古蒙文具有重要价值。

元代建国以后，元世祖忽必烈命令吐蕃的萨迦喇嘛八思巴依照藏文字母创造新的蒙古文字，使它可以拼写蒙、汉、梵、藏等各族语言。这种在世祖至元六年（1269 年）公布实行的新蒙文叫做蒙古新字或国字，后代人称它八思巴文。八思巴文是元代法定的官方文字。利用八思巴文刻写的碑现存约 20 余种。它们大多是为保护佛教、道教、景教等寺观产业，减免僧道赋税差役等而发布的圣旨或皇后懿旨、太子令旨。这些碑散布很广，在陕西省的周至、韩城，甘肃省的泾川，山西省的太原，河南省的安阳、许昌、浚县，河北省的易县等地寺观中都有遗存。碑面上部刻成八思巴文字，下部多刻汉字。汉字是用白话体直译出来的蒙文文义。这种用汉语白话文刻的碑在历代碑石中都极为罕见。元代八思巴文碑中附的汉文白话十分有趣，它用的是日常口语，但又包含一些蒙语语法，在古代语言研究中占有独特的地位。例如河南省林县的

《林州宝严寺圣旨碑》中写道："这的每寺院房舍里，使臣休安下者。铺马只应休拿者，税粮休着者。但属寺家的水土、园林、碾磨、铺席、浴堂、解典库，不拣甚么他的，休夺要者。"这既像当时的口头语言，又掺杂了蒙古语言的语法习惯。在元代，还有很多白话碑，也采用这种文法，但是只用汉文字书刻，没有八思巴文了。

元代的八思巴文碑中还有一种类型。是用八思巴文拼写汉语，全将汉文的文章音译为蒙古八思巴文。如山西阳城的《赠郑鼎制诰》等。它对于研究元代的汉语读音、译名等有一定参考价值。至于八思巴文碑中记录的元代人名、官名、名物制度等蒙古语名词，更是考订元史的宝贵资料。

# 七　明清余韵

## 近代政治经济的见证

　　明清两代留下来的碑刻材料实在太多了，在我们今天所能见到的石刻中，大约有 1/3 是明清两代刻制的。但到了这时，中国碑刻的长河也接近终点，在文辞、造型艺术、刻工等方面都没有新发展。留给人们的，只是石刻艺术辉煌乐章的缕缕余韵。

　　人们考察明清时期的大量石刻，是因为它里面保存了大量重要的历史资料，可以作为近代历史的宝贵旁证。像安徽省凤阳县明代皇陵中的《明太祖御制皇陵碑》，可用来研究朱元璋的家世生平。北京孔庙中的元明清进士题名碑，共 198 座，记录了明清 51624 名进士的姓名、籍贯与名次，对了解当时的科举制度十分重要。四川省西昌市郊泸山光福寺中的地震碑林，存有 100 多件石碑，多为明清遗物。这些碑文记录了明嘉靖十五年（1536 年）、清雍正十年（1732 年）、道光三十年（1850 年）三次大地震及西昌、凉山地区的多次地震情况，对地震的发生时间、受震范围、破坏力等都有详尽的记载。这处国内罕见的地震碑林在中国地震研究中起着相当重要的作用。清代留有大量关系到边疆状况和各民族关系的碑刻，对维护国家主权、促进民族团结具有深远意义。河北省承德市普陀宗乘庙中的《土尔扈特全部归顺记碑》记述了蒙古土尔扈特部全体民众由伏尔加河流域回归祖国，冲破重重阻挠，历经艰苦，终于达到目的的感人事迹，表现了强烈的爱国主义精神。西藏拉萨市的《御制平定西藏碑》，用满、汉、蒙、藏 4 种文字刻制，详细记录了清政府派兵入藏，平定准噶尔蒙古部叛乱的经过，《御制十全记碑》则记录了清军入藏平定廓尔喀部入侵的功绩。它们是捍卫中国领土主权，反对分裂的纪念碑。类似这样的重要碑刻，数不胜数，就不一一罗列了。

这里，我们只着重介绍一下在近代经济史研究中具有宝贵价值的明清城市工商业碑刻。明清时期，是中国封建社会的最后阶段。随着经济生产的发展，商品流通的扩大，资本主义的萌芽已经在一些重要的城市逐渐产生。清代末期帝国主义势力的入侵更加速了资本主义工商业的发展，经济方面的变革是很突出的。对于经济领域的这些变化，碑刻中都有真实可信的记载。在北京、苏州、南京、上海、天津等工商业中心城市，都保存有大量与社会经济有关的明清碑石，内容十分丰富。

就拿北京来说，明清时期，北京不仅是全国的政治文化中心，也是北方的经济中心，工商业十分繁荣。

从清代人留下的《乾隆南巡图》等图画画面上可以看到，当时的前门外一带已经是商号密布、顾客盈门的商业中心了。清代杨静亭写诗赞叹道："画楼林立望重重，金碧辉煌瑞气浓"，"万方货物列纵横"，绝不是溢美之词。各行各业的从业人员，为了维护本身利益，防止同业竞争，进行内部协调，纷纷成立了具有行会性质的各种会馆、公所等，如颜料会馆、糖饼行公所、皮箱公所、成衣行会馆、青韭园行公会以及潞安会馆一类外地商人的同乡会馆等。这些会馆遗址中都留存有一些碑石，上面详细记载了会馆成立和发展的过程、同行业规章、捐款情况以及行会与牙行、手工业工人之间的斗争。

　　例如北京崇文门外缨子胡同内的《延邵纸商会馆碑》，立于清道光十六年（1836 年）。根据碑文记载：就是福建延平、邵武二郡的纸商集资建立的。福建的纸商每年都从当地渡海运货到天津，然后再运到北京发卖。生意做完后也正是农历十月底了。他们便聚到会馆中来祭祀天后娘娘，并且加深相互交往，维护自己的贸易利益。这块碑正反映了外地商人专有纸业贸易的状况。在前门外西柳树井胡同当商公会内的《当商公会条规碑》反映了当时典当业内部自行规定的一些制度，对于处理官署的存款、流氓无赖讹诈、打架斗殴、被窃、公事往来等都作了具体规定。特别强调行业间的公议，这是由参加公议的各商号出资，由有资望的大商号出面评议是非，调解问题，互相帮助，形成一个行业公会组织。类似这样的碑刻相当丰富，文史工作者在对北京 50 余所会馆、公所遗址的调查中，就收集到近 200 件工商业碑石。

北京的明清工商业碑刻大多是行会刻立的。这种行会的封建性比较强，主要是利用宗法关系来约束工人学徒等被剥削者。所以在这些碑刻中，常见到各种规定和镇压手段。但偶然间也会反映出工匠的反抗斗争。尤其是清代后期，随着经济恶化，工人学徒们"每日工价不敷糊口"，这种斗争就更激烈。清光绪三十二年（1906 年）的《糖饼行北案重整行规碑》和《马神庙糖饼行碑记》就记述了当时工人学徒多次与业主们"筹商"，要求调整工资的斗争。经长期谈判斗争，后由行会出面请中人说合，决定从光绪三十三年十一月起调整工资，并规定工作时间，给加班工资等，反映了劳动人民自发的经济斗争。民国三年（1914 年）《靴鞋行财神会碑》中记载了清代咸丰年（1851～1861 年）以来北京靴鞋业工人长期不懈的罢工斗争。靴鞋工人为了维持自身生活，多次向资方要求加工资，由于资方的抵制，工人们一再举行"齐行罢工"，罢工时起时伏，持续了近 30 年。在光绪八年（1882 年），工人们还成立了自己的组织——"合美会"领导罢工斗争。这是中国工人最早的组织之一。这些记载也成了十分珍贵的近代史料。

江南的苏州一带，是中国封建社会后期的经济中心，生产比较发达，也是中国资本主义萌芽最先产生的地区，各种手工业和商业十分兴盛，也成立了很多会馆和公所。根据现在的调查得知，苏州明清时期有过会馆60处，公所130多处。这些地点大多竖立有碑刻，文物工作者在20世纪50年代进行过收集整理，发现了工商业碑刻543件，关卡、码头等处的碑刻还不包括在内。这些碑刻中反映出的苏州明清工商业有：丝织、丝业、染坊、踹坊、布坊、纸作坊、书坊、水木作、石作、木行、红木细巧木作、铜铁锡器、冶坊、刺绣、珠宝玉器、银楼、硝皮、提庄、百货、南北货、粮食、酱酒、猪行、菜业、厨行、煤炭、蜡烛、药材、金融典当、交通运输等，可以说是百业俱兴，面面俱到。在有关碑刻中，详细记录了各行业公所及会馆的创设年代，组织形式、行规、立碑的商号人户、捐款情况等，充分反映了明清时期苏州经济的繁荣盛况。

在这些碑刻中记载的丰富史料里，最引人注意的是反映早期手工业工人、商店伙计与雇主们斗争的内容。有一些碑刻在明清近代史研究中特别著名。如清雍正十二年（1734年）的《奉各宪永禁机匠叫歇碑》，记录了苏州长洲县机匠（纺织工人）聚众叫歇（即罢工）的活动。碑文中说：苏州城中的工匠聚众停止织作，要求增加工资。官府采取了严厉措施来禁止，命令再遇上罢工的事件，要将罢工者扭送地方，枷号一个月示儆。这虽然是官府站在资方一边，赤裸裸地镇压工人的告示，但也从反面表现了苏州手工业工人早期激烈的反剥削斗争。这件石碑原来存放在苏州玄妙观，现在已移到苏州石刻博物馆陈列。康熙五十四年（1715年）《奉钦差部堂督抚各宪驱逐踹染流棍禁碑》记载的是踹匠（整理加工布匹的工人）自发创立会馆，

兴办普济院婴儿堂等公益事业的活动。虽然这些活动
由于触犯到剥削阶级的利益而被官府诬蔑为流棍滋事,
强行镇压,但它仍然是手工业工人早期有组织地维护
自身利益斗争的光辉记录。

此外,清乾隆二十一年（1756 年）《奉各宪严禁
纸作坊工匠把持勒增工价永遵碑》、同治十三年（1874
年）《吴县规定打铜大凳小凳等行工人工价不许工人借
众停工图勒工价碑》、道光六年（1826 年）《长元吴三
县永禁烛匠霸停工作聚众敛钱逞凶滋事碑》等都记载
了这些行业的工匠"勒加工资"、"霸停工作"、"倡议
滋事"、"藉众停工"的多次工潮事件,反映了尖锐的
阶级矛盾。工匠们自行组织公所行会的活动也不断发
生。据碑文记载:咸丰三年（1853 年）有烟业伙匠
"私立公所",光绪三年（1877 年）裘业工伙"私立行
头名目",光绪十五年（1889 年）蜡楪业工人"私立
行头"。这些都是记录手工业工匠斗争历史的珍贵材
料。

上海,经明代万历（1573～1619 年）到鸦片战争
前夕这段时间的变迁,已由一个边海小镇逐渐成为南
北方交通贸易的枢纽,成为重要的商品城市。鸦片战
争后,外国资本侵入。帝国主义者从倾销商品、输出
资本发展到强占租界、控制海关、建立工厂,使上海
变成了吸榨中国人民血汗的大唧筒,也成了东方最大
的工商业中心。这一历史,在上海地区保存的大量碑
刻中生动地体现出来。

原在上海市区福建会馆中的清乾隆五十三年

（1788 年）《江南海关为商船完纳税银折合制钱定价告示碑》、嘉庆八年（1803 年）《江南海关禁汛口重索出入商船挂号钱文告示碑》，原在上海城隍庙内的道光七年（1827 年）《上海县为商行船集议关山东各口贸易规条告示碑》等大量有关航运的告示碑，都是真实的清代上海航运业记录。从碑文中可以知道，当时上海往来着南至福建、广东，北至山东、辽宁的大量商船。这些商船主雇用大量船工，史籍中记载，当时一只船上的舵工水手等，从十几人到二十六七人不等。这些船工是"雇用贫民"而来。码头上还有运输的扛夫、箩夫，"听商民随便雇用"，这些正反映了早期航运界的雇佣关系状况。关于商船的通过平行报税、出口验舱，牙行从中盘剥勒索等经济情况，碑文中也都有详细的记述，对于了解资本主义生产关系是怎样在中国产生的这一问题提供了生动的事实材料。

上海现存明清时期有关工商业的碑石近 30 件，涉及盐业、绸布业、米业、竹木业、金融业、踹行等。特别是关于棉布的经营值得注意。原在上海松江县二中内的清顺治十六年（1659 年）《苏松两府为禁布牙假冒布号告示牌》、乾隆元年（1736 年）《松江府为禁苏郡布商冒立字号招牌告示碑》、康熙十一年（1672 年）《官用布匹委官办解禁扰布行告示碑》等，都记载了当时上海一带的棉布"上完国赋、下资民生"的生产状况。当时闽、粤一带来的商人"悉载棉花回"。连城市中的女子都全力纺纱出售。据文献记载，清乾隆（1736～1795 年）年间在上海发卖青蓝色布的商号已有 23 家。这种大规模的棉布贸易对工商业发展的推动作用之大，可想而知。

有剥削就有反抗，工人的斗争是随着资本主义的产生发展始终共存的。与苏州等地一样，上海也有反映工人斗争的碑刻。如原在上海松江县枫泾镇城隍庙中的康熙三十七年（1698 年）《娄县为禁踹匠倡聚抄抢告示碑》、原在嘉定县南翔镇的乾隆四十年（1775年）《嘉定县为禁南翔镇踹匠恃众告增雇主剥削，联合起来要求增加工资的斗争。而官府的严厉查禁，说明了官方对工商业的干预与控制。恩格斯在《资本论·第三卷增补》中指出，"产业资本的萌芽早在中世纪已经形成，它存在于以下三个领域：航运业、采矿业、纺织业。"从上海工商业碑刻中反映出的中国早期资本主义萌芽状况中，可以证实革命导师的这一论证。

此外，上海还有大量关于地方田赋、水利、会馆公所、社会治安等方面的碑刻。尤其是会馆公所的碑刻中，反映了鸦片战争前后两个阶段会馆公所性质的变化，揭示了外国资本侵入，中国社会向半封建半殖民地性质转化的历史进程。有些碑文，如原在上海市人民路的同治二年（1863 年）《苏松太兵备道为赎回法人强占之地永为潮州会馆产业告示碑》、原在南市区四明公所的同治十三年（1874 年）《上海道为四明公所血案告示碑》等，还反映了侵略者侵占中国土地，中国人民反对法国侵略者越界筑路的斗争过程。

## 刻帖之风

在风景秀丽的清代皇家园林——北海西岸的阅古楼内，有一批精雕细刻的古代书法石刻，共 495 方。这是汇集了魏晋以来历代书法名家墨迹而成的书法艺术宝库。它便是清乾隆年间由宫中编集刻成的大型丛帖——《三希堂法帖》。

三希堂原位于故宫中的养心殿内。这是乾隆皇帝给起的名字。乾隆酷爱书法，至今全国各地还留有不少他的题字，确实值得一看。他把晋代书圣王羲之的《快雪时晴帖》、王献之的《中秋帖》、王珣的《伯远帖》3 件墨迹称为"三希"，意思是："三件罕见的珍品"，收藏在三希堂中。并在乾隆十二年（1747 年）命令朝臣梁诗正、汪由敦等人从内府所藏的书法名作中挑选出魏晋至明代末年的 135 位书法家的 340 件作品，由宋璋等人镌刻上石，在乾隆十八年（1753 年）完成了这套《三希堂法帖》。刻帖完成后，乾隆曾把拓本赏赐给大臣，以后还有拓本流传在外。近年来，北京出版社影印了全套《三希堂法帖》，使它成为每个书法爱好者都能观赏的良好范本。

《三希堂法帖》只是年代较近，保存得也较好的一种丛帖。实际上，在中国文化史上，刻帖的风气在宋代就形成了。帖这种石刻并没有什么实际的内容，纯粹是为了让文人墨客欣赏、临摹古代名人手迹而制作的艺术品。它一般都是选择一些著名书法家的作品，勾勒上石，组成一套丛帖。由于古代没有影印技术，只能靠拓本广泛传播名人墨迹。石刻较持久，又能比较逼真地反映出原作的风韵气势，所以人们利用它创造了这一新的艺术石刻门类——帖。很多古代的丛帖由于摹刻精细，其价值与原作相差无几，至于原来墨迹早已佚失的刻帖就更为珍贵了。

现在所知的较早刻帖有北宋《淳化阁帖》。这是北宋淳化三年（992年），宋太宗赵炅下令编刻的。内容包括历代帝王书法、名臣书迹、古代各家法书和王羲之、王献之的作品，一共收录了105个人的书迹，编为10卷。这套丛帖虽然自称为"上石"，但实际上是刻在枣木板上的。可是后来它的重刻本中有石刻，所以在这里提到它也不过分，特别是由于它被称为后代"法帖之祖"，对刻帖的风气起了极大的倡导作用，就更应该先介绍它了。《淳化阁帖》刻完后不久便被毁坏了。后代人推崇它，多次根据拓本重刻。其中较好的有明代顾从义摹刻本、潘允亮刻本、肃王府刻本以及清顺治年间费西铸在西安重刻的肃府本等。故宫博物院收藏有一份宋拓全本，是极为珍贵的文物藏品。

宋太宗开创刻帖风气以后，由于宋代金石学的兴起，世人喜好石刻，翻刻古人墨迹丛帖的很多，使宋代产生了多部大型丛帖石刻。北宋尚书潘师旦在绛州（今山西新绛县）以《淳化阁帖》为底本刻制的《绛帖》便是比较有名的一种。它编为上10卷、下10卷，补充了宋代帝王书迹、张旭法书和颜真卿、怀素等人的作品。《绛帖》摹刻得十分精致，在宋代就深受重视，但是完整的拓本很少。据说潘师旦死后，两个儿子分家，长子分了《绛帖》石刻的上 10 卷，幼子分了下 10 卷。后来长子欠了官府钱粮，家中帖石被没收归官。绛州官署又补刻了下 10 卷，其拓本被称做"公库本"。潘师旦的幼子又补刻了上 10 卷，人们称之为"私家本"。靖康之乱以后，公、私两种石刻全部佚失。后代虽然有过翻刻本，但均不全。现在完整的原刻拓本只有一部，由故宫博物院收藏。

《淳化阁帖》刻本毁坏后，北宋大观三年（1109年），字画俱佳的宋徽宗赵佶再次拿出内府收藏的书画，命蔡京等人进行编排，重新上石，刻成一部《大观帖》，又名《太清楼帖》。由于《大观帖》的刻工精细，能较好地反映出原作的笔锋，特别是起笔、收笔、转折等处，锋颖毕露，如同手书墨迹，所以世人大多认为《大观帖》胜过《淳化阁帖》。《大观帖》还纠正了《淳化阁帖》中的一些错误。金国灭亡北宋，占领江北以后，《大观帖》的原石还存在开封，当时有汉人悄悄拓了拓本到江南出售。金国灭亡之后，这批帖石就不知下落了。金代以来也有翻刻的《大观帖》，优劣不一。

宋代好古成风，刻的各种帖也很多，但真正把原来的丛帖刻石完整保存下来的只有一种，这就是保存在河南临汝县文化馆内的《汝帖》刻石。《汝帖》共有 12 件刻石，内容包括商周金文、石鼓文，李斯、蔡邕、诸葛亮等秦汉三国字体，六朝帝王书迹，魏晋的锺繇、阮咸、山涛等人书法和王羲之、王献之作品，南北朝书迹，以及唐代帝后和著名书法家的作品等。每种字数虽不太多，但真草隶篆面面俱到，反映了中国书法的主要变化过程。据说它是宋代汝州太守王寀择取《绛帖》、《潭帖》、《泉帖》等刻帖中的上品汇集刻成。但也有人认为《汝帖》刻得不精，选择的也不妥当，所以不大受人重视，才能保留至今。《汝帖》原刻石经历年代绵远，字迹已漫漶不清。清代道光十八年（1838 年），汝州太守白明义又依据《汝帖》的原拓本再次刻成一套刻石，现在也存放在临汝县文化馆中。

除去这些较大型的丛帖外，宋代还有很多个人刻的小丛帖。它们涉及的内容面较窄小，如宋《宝晋斋帖》，只收晋代书圣王羲之及谢安、王献之等晋人书迹。宝晋斋是宋代著名书法家米芾的斋名，所以在帖中也刻了一些米氏的书法作品。此外，宋代《澄清堂帖》、《群玉堂帖》、《英光堂帖》、《西楼苏帖》、《凤墅帖》等都很有名。元代延祐五年（1318）刻成的《乐善堂帖》，收有元代著名书法家赵孟頫与顾信、姜夔等人的书迹。由顾信摹勒上石，刻工精细，是罕见的元代刻帖。明代仍有不少私家刻帖。由江南名书画家文徵明、文彭父子钩摹的《真赏斋帖》就是其中的佼佼者。它收有曹魏锺繇的《荐季直表》、晋王羲之的《袁生帖》、唐王方庆进《万岁通天进帖》和岳珂等人的跋语，流传甚广。文徵明父子还选摹了《停云馆帖》，以唐、宋、元名人法书为主。它和《真赏斋帖》都可称为明代丛帖中的上品。明代《快雪堂帖》，清代由内府收藏，乾隆皇帝曾在北海建快雪堂保存这批帖石，所以它是明代帖石中保存得最好的一种。

丛帖之外，还有一些只刻一位书法家作品的单刻帖，如王羲之兰亭叙帖、孙过庭书谱帖等。历代所刻帖石，不下数百种，用这些帖石拓出的拓本恐怕要以十万计了。这些拓本，主要用来作为书法艺术欣赏和学习书法的范本。它培育出的书法爱好者的队伍极其庞大。石刻法帖在中国书法艺术的发展史上占有的重要地位，为中国文化作出的巨大贡献，只要看看这些数字，便可一目了然。

# 参考书目

1. 文物出版社编《中国岩画》，文物出版社，1993。

2. 北京图书馆金石组编《北京图书馆藏中国历代石刻拓本汇编》，中州古籍出版社，1988。

3. 朱锡禄编《武氏祠汉画像石》，山东美术出版社，1986。

4. 龙门文物保管所编《龙门石窟》，文物出版社，1980。

5. 姚迁、古兵编《南朝陵墓石刻》，文物出版社，1981。

6. 福建泉州海外交通史博物馆编《泉州伊斯兰教石刻》，宁夏人民出版社、福建人民出版社，1984。

7. 重庆博物馆编《四川汉代石阙》，文物出版社，1992。

8. 程征、李惠编《唐十八陵石刻》，陕西人民美术出版社，1988。

9. 王健群著《好大王碑研究》，吉林人民出版社，1984。

10. 朱剑心著《金石学》，文物出版社，1981。

# 《中国史话》总目录

| 系列名 | 序号 | 书 名 | 作 者 | |
|---|---|---|---|---|
| 物化历史系列（28种） | 30 | 石器史话 | 李宗山 | |
| | 31 | 石刻史话 | 赵 超 | |
| | 32 | 古玉史话 | 卢兆荫 | |
| | 33 | 青铜器史话 | 曹淑芹 | 殷玮璋 |
| | 34 | 简牍史话 | 王子今 | 赵宠亮 |
| | 35 | 陶瓷史话 | 谢端琚 | 马文宽 |
| | 36 | 玻璃器史话 | 安家瑶 | |
| | 37 | 家具史话 | 李宗山 | |
| | 38 | 文房四宝史话 | 李雪梅 | 安久亮 |
| 制度、名物与史事沿革系列（20种） | 39 | 中国早期国家史话 | 王 和 | |
| | 40 | 中华民族史话 | 陈琳国 | 陈 群 |
| | 41 | 官制史话 | 谢保成 | |
| | 42 | 宰相史话 | 刘晖春 | |
| | 43 | 监察史话 | 王 正 | |
| | 44 | 科举史话 | 李尚英 | |
| | 45 | 状元史话 | 宋元强 | |
| | 46 | 学校史话 | 樊克政 | |
| | 47 | 书院史话 | 樊克政 | |
| | 48 | 赋役制度史话 | 徐东升 | |
| | 49 | 军制史话 | 刘昭祥 | 王晓卫 |
| | 50 | 兵器史话 | 杨 毅 | 杨 泓 |
| | 51 | 名战史话 | 黄朴民 | |
| | 52 | 屯田史话 | 张印栋 | |
| | 53 | 商业史话 | 吴 慧 | |
| | 54 | 货币史话 | 刘精诚 | 李祖德 |
| | 55 | 宫廷政治史话 | 任士英 | |
| | 56 | 变法史话 | 王子今 | |
| | 57 | 和亲史话 | 宋 超 | |
| | 58 | 海疆开发史话 | 安 京 | |

| 系列名 | 序号 | 书　名 | 作　者 |
|---|---|---|---|
| 交通与交流系列（13种） | 59 | 丝绸之路史话 | 孟凡人 |
| | 60 | 海上丝路史话 | 杜　瑜 |
| | 61 | 漕运史话 | 江太新　苏金玉 |
| | 62 | 驿道史话 | 王子今 |
| | 63 | 旅行史话 | 黄石林 |
| | 64 | 航海史话 | 王　杰　李宝民　王　莉 |
| | 65 | 交通工具史话 | 郑若葵 |
| | 66 | 中西交流史话 | 张国刚 |
| | 67 | 满汉文化交流史话 | 定宜庄 |
| | 68 | 汉藏文化交流史话 | 刘　忠 |
| | 69 | 蒙藏文化交流史话 | 丁守璞　杨恩洪 |
| | 70 | 中日文化交流史话 | 冯佐哲 |
| | 71 | 中国阿拉伯文化交流史话 | 宋　岘 |
| 思想学术系列（21种） | 72 | 文明起源史话 | 杜金鹏　焦天龙 |
| | 73 | 汉字史话 | 郭小武 |
| | 74 | 天文学史话 | 冯　时 |
| | 75 | 地理学史话 | 杜　瑜 |
| | 76 | 儒家史话 | 孙开泰 |
| | 77 | 法家史话 | 孙开泰 |
| | 78 | 兵家史话 | 王晓卫 |
| | 79 | 玄学史话 | 张齐明 |
| | 80 | 道教史话 | 王　卡 |
| | 81 | 佛教史话 | 魏道儒 |
| | 82 | 中国基督教史话 | 王美秀 |
| | 83 | 民间信仰史话 | 侯　杰 |
| | 84 | 训诂学史话 | 周信炎 |
| | 85 | 帛书史话 | 陈松长 |
| | 86 | 四书五经史话 | 黄鸿春 |

| 系列名 | 序号 | 书名 | 作者 | |
|---|---|---|---|---|
| 思想学术系列（21种） | 87 | 史学史话 | 谢保成 | |
| | 88 | 哲学史话 | 谷 方 | |
| | 89 | 方志史话 | 卫家雄 | |
| | 90 | 考古学史话 | 朱乃诚 | |
| | 91 | 物理学史话 | 王 冰 | |
| | 92 | 地图史话 | 朱玲玲 | |
| 文学艺术系列（8种） | 93 | 书法史话 | 朱守道 | |
| | 94 | 绘画史话 | 李福顺 | |
| | 95 | 诗歌史话 | 陶文鹏 | |
| | 96 | 散文史话 | 郑永晓 | |
| | 97 | 音韵史话 | 张惠英 | |
| | 98 | 戏曲史话 | 王卫民 | |
| | 99 | 小说史话 | 周中明 | 吴家荣 |
| | 100 | 杂技史话 | 崔乐泉 | |
| 社会风俗系列（13种） | 101 | 宗族史话 | 冯尔康 | 阎爱民 |
| | 102 | 家庭史话 | 张国刚 | |
| | 103 | 婚姻史话 | 张 涛 | 项永琴 |
| | 104 | 礼俗史话 | 王贵民 | |
| | 105 | 节俗史话 | 韩养民 | 郭兴文 |
| | 106 | 饮食史话 | 王仁湘 | |
| | 107 | 饮茶史话 | 王仁湘 | 杨焕新 |
| | 108 | 饮酒史话 | 袁立泽 | |
| | 109 | 服饰史话 | 赵连赏 | |
| | 110 | 体育史话 | 崔乐泉 | |
| | 111 | 养生史话 | 罗时铭 | |
| | 112 | 收藏史话 | 李雪梅 | |
| | 113 | 丧葬史话 | 张捷夫 | |

| 系列名 | 序号 | 书　名 | 作　者 | |
|---|---|---|---|---|
| 近代政治史系列（28种） | 114 | 鸦片战争史话 | 朱谐汉 | |
| | 115 | 太平天国史话 | 张远鹏 | |
| | 116 | 洋务运动史话 | 丁贤俊 | |
| | 117 | 甲午战争史话 | 寇　伟 | |
| | 118 | 戊戌维新运动史话 | 刘悦斌 | |
| | 119 | 义和团史话 | 卞修跃 | |
| | 120 | 辛亥革命史话 | 张海鹏 | 邓红洲 |
| | 121 | 五四运动史话 | 常丕军 | |
| | 122 | 北洋政府史话 | 潘　荣 | 魏又行 |
| | 123 | 国民政府史话 | 郑则民 | |
| | 124 | 十年内战史话 | 贾　维 | |
| | 125 | 中华苏维埃史话 | 温　锐 | 刘　强 |
| | 126 | 西安事变史话 | 李义彬 | |
| | 127 | 抗日战争史话 | 荣维木 | |
| | 128 | 陕甘宁边区政府史话 | 刘东社 | 刘全娥 |
| | 129 | 解放战争史话 | 朱宗震 | 汪朝光 |
| | 130 | 革命根据地史话 | 马洪武 | 王明生 |
| | 131 | 中国人民解放军史话 | 荣维木 | |
| | 132 | 宪政史话 | 徐辉琪 | 付建成 |
| | 133 | 工人运动史话 | 唐玉良 | 高爱娣 |
| | 134 | 农民运动史话 | 方之光 | 龚　云 |
| | 135 | 青年运动史话 | 郭贵儒 | |
| | 136 | 妇女运动史话 | 刘　红 | 刘光永 |
| | 137 | 土地改革史话 | 董志凯 | 陈廷煊 |
| | 138 | 买办史话 | 潘君祥 | 顾柏荣 |
| | 139 | 四大家族史话 | 江绍贞 | |
| | 140 | 汪伪政权史话 | 闻少华 | |
| | 141 | 伪满洲国史话 | 齐福霖 | |

| 系列名 | 序号 | 书 名 | 作 者 |
|---|---|---|---|
| 近代经济生活系列（17种） | 142 | 人口史话 | 姜 涛 |
| | 143 | 禁烟史话 | 王宏斌 |
| | 144 | 海关史话 | 陈霞飞 蔡渭洲 |
| | 145 | 铁路史话 | 龚 云 |
| | 146 | 矿业史话 | 纪 辛 |
| | 147 | 航运史话 | 张后铨 |
| | 148 | 邮政史话 | 修晓波 |
| | 149 | 金融史话 | 陈争平 |
| | 150 | 通货膨胀史话 | 郑起东 |
| | 151 | 外债史话 | 陈争平 |
| | 152 | 商会史话 | 虞和平 |
| | 153 | 农业改进史话 | 章 楷 |
| | 154 | 民族工业发展史话 | 徐建生 |
| | 155 | 灾荒史话 | 刘仰东 夏明方 |
| | 156 | 流民史话 | 池子华 |
| | 157 | 秘密社会史话 | 刘才赋 |
| | 158 | 旗人史话 | 刘小萌 |
| 近代中外关系系列（13种） | 159 | 西洋器物传入中国史话 | 隋元芬 |
| | 160 | 中外不平等条约史话 | 李育民 |
| | 161 | 开埠史话 | 杜 语 |
| | 162 | 教案史话 | 夏春涛 |
| | 163 | 中英关系史话 | 孙 庆 |
| | 164 | 中法关系史话 | 葛夫平 |
| | 165 | 中德关系史话 | 杜继东 |
| | 166 | 中日关系史话 | 王建朗 |
| | 167 | 中美关系史话 | 陶文钊 |
| | 168 | 中俄关系史话 | 薛衔天 |
| | 169 | 中苏关系史话 | 黄纪莲 |
| | 170 | 华侨史话 | 陈 民 任贵祥 |
| | 171 | 华工史话 | 董丛林 |

| 系列名 | 序号 | 书 名 | 作 者 |
|---|---|---|---|
| 近代精神文化系列（18种） | 172 | 政治思想史话 | 朱志敏 |
| | 173 | 伦理道德史话 | 马 勇 |
| | 174 | 启蒙思潮史话 | 彭平一 |
| | 175 | 三民主义史话 | 贺 渊 |
| | 176 | 社会主义思潮史话 | 张 武　张艳国　喻承久 |
| | 177 | 无政府主义思潮史话 | 汤庭芬 |
| | 178 | 教育史话 | 朱从兵 |
| | 179 | 大学史话 | 金以林 |
| | 180 | 留学史话 | 刘志强　张学继 |
| | 181 | 法制史话 | 李 力 |
| | 182 | 报刊史话 | 李仲明 |
| | 183 | 出版史话 | 刘俐娜 |
| | 184 | 科学技术史话 | 姜 超 |
| | 185 | 翻译史话 | 王晓丹 |
| | 186 | 美术史话 | 龚产兴 |
| | 187 | 音乐史话 | 梁茂春 |
| | 188 | 电影史话 | 孙立峰 |
| | 189 | 话剧史话 | 梁淑安 |
| 近代区域文化系列（一一种） | 190 | 北京史话 | 果鸿孝 |
| | 191 | 上海史话 | 马学强　宋钻友 |
| | 192 | 天津史话 | 罗澍伟 |
| | 193 | 广州史话 | 张 磊　张 苹 |
| | 194 | 武汉史话 | 皮明麻　郑自来 |
| | 195 | 重庆史话 | 隗瀛涛　沈松平 |
| | 196 | 新疆史话 | 王建民 |
| | 197 | 西藏史话 | 徐志民 |
| | 198 | 香港史话 | 刘蜀永 |
| | 199 | 澳门史话 | 邓开颂　陆晓敏　杨仁飞 |
| | 200 | 台湾史话 | 程朝云 |